HERMES

在古希腊神话中,赫耳墨斯是宙斯和迈亚的儿子,奥林波斯神们的信使,道路与边界之神,睡眠与梦想之神,亡灵的引导者,演说者、商人、小偷、旅者和牧人的保护神……

西方传统 经典与解释
Classici et Commentarii
HERMES
古典学丛编
Library of Classical Studies
刘小枫◎主编

伊壁鸠鲁主义的政治哲学
——卢克莱修的《物性论》
Epicurean Political Philosophy
The *De Rerum Natura* of Lucretius

［意］詹姆斯·尼古拉斯 James H. Nichols Jr. ｜ 著
溥林 ｜ 译

华夏出版社

古典教育基金·蒲衣子资助项目

"古典学丛编"出版说明

近百年来，我国学界先后引进了西方现代文教的几乎所有各类学科——之所以说"几乎"，因为我们迄今尚未引进西方现代文教中的古典学。原因似乎不难理解：我们需要引进的是自己没有的东西——我国文教传统源远流长、一以贯之，并无"古典学问"与"现代学问"之分，其历史延续性和完整性，西方文教传统实难比拟。然而，清末废除科举制施行新学之后，我国文教传统被迫面临"古典学问"与"现代学问"的切割，从而有了现代意义上的"古今之争"。既然西方的现代性已然成了我们自己的现代性，如何对待已然变成"古典"的传统文教经典同样成了我们的问题。在这一历史背景下，我们实有必要深入认识在西方现代文教制度中已有近三百年历史的古典学这一与哲学、文学、史学并立的一级学科。

认识西方的古典学为的是应对我们自己所面临的现代文教问题：即能否化解、如何化解西方现代文明的挑战。西方的古典学乃现代文教制度的产物，带有难以抹去的现代学问品质。如果我们要建设自己的古典学，就不可唯西方的古典学传统是从，而是应该建设有中国特色的古典学：恢复古传文教经典在百年前尚且一以贯之地具有的现实教化作用。深入了解西方古典学的来龙去脉及其内在问题，有助于瞳得前车之鉴：古典学为何自娱于"钻故纸堆"，与现代问题了不相干。认识西方古典学的成败得失，有助于我们体会到，成为一个真正的学人的必经之途，仍然是研习古传经典，中国的古典学理应是我们已然后现代化了的文教制度的基础——学习古传经典将带给我们的是通透的生活感觉、审慎的政治观念、高贵的伦理态度，永远有当下意义。

　　本丛编旨在引介西方古典学的基本文献：凡学科建设、古典学史发微乃至具体的古典研究成果，一概统而编之。

古典文明研究工作坊
西方典籍编译部乙组
2011 年元月

献给我的母亲和父亲

目　录

中译本前言 ………………………………………………… 1

序　　言 …………………………………………………… 1

第一章　导言 ……………………………………………… 1

第二章　理论的诗性表达 ………………………………… 10

第三章　诗的结构以及前四卷的分析 …………………… 29

第四章　我们的世界以及其中人的发展和处境 ………… 77

第五章　结语：卢克莱修与现代性 ……………………… 149

中译本前言

"我们共和国的掌门人"——伊壁鸠鲁

在毕希纳的剧作《丹东之死》中，法国大革命的变节分子有这么一句台词：

> 罗马人如果愿意蹲在墙角煮萝卜吃，这是他们的事——我们共和国的掌门人应该是快乐欢畅的伊壁鸠鲁和臀部丰满的维纳斯，而不是道貌岸然的马拉和沙里叶。

伊壁鸠鲁被法国大革命的革命变节分子委派为现代"共和国"的第一"掌门人"，其实是西方思想史上的一场思想政变的结果：霍布斯推翻古希腊的理想主义政治传统对政制的治权，回复到伊壁鸠鲁传统，从而开创了现代政治原则，霍布斯本人也因此获得现代政治思想之父的光荣称号。

传统政治哲学假定，人天生就是政治或社会动物。霍布斯既拒绝了这一假定，就加入了伊壁鸠鲁的传统。他接受了伊壁鸠鲁传统的观点，即人天生或者本来是非政治的、甚至是非社会的动物，还接受了它的前提，亦即善根本而言等同于快乐。①

这番话让我多少有点儿明白，为什么毕希纳要把伊壁鸠鲁的"快乐欢畅"与维纳斯的"臀部丰满"对举。而且，说过这番话后，施特劳斯随即引述了大思想家伯克对搞法国大革命的分子们的如下评论：

> 鲁莽草率原本并非此类无神论者的品格。毋宁说他们有的是相反的品格：他们原本像是老伊壁鸠鲁派，毫无进取之心。但是晚近以来，他们变得积极主动、狡猾诡谲、野蛮狂暴而富于煽动性。

从伯克的眼光来看，法国大革命家（我们还可以添上"及其后裔"），骨子里都是"伊壁鸠鲁分子"，这个称号虽然因此便有了古代与现代之分，两者仅仅在性向上有所不同——大革命时期的变节分子不过把革命分子未明言的东西道明了而已（有如后来的"新左派"革命家马尔库塞）。于是，我想通了一个很久没有想明白的问题：伊壁鸠鲁在国朝学界为何早就闻名，我们对所谓伊壁鸠鲁传统并不太陌生——至少有好些个西哲专家研究过这一传统，伊壁鸠鲁的完美解释者卢克莱修的著作《物性论》在二十多年前就有了汉译本②——由于伊壁鸠鲁的著作散佚过多，不大成体统，卢克莱修的《物性论》通常被看作伊壁鸠鲁哲学完美、

---

① 施特劳斯，《自然权利与历史》，彭刚译，北京：生活·读书·新知三联书店，2003，页172。
② 《物性论》，方书春译，商务印书馆，1981；亦参罗晓颖编/译，《菜园哲人伊壁鸠鲁》，华夏出版社，2010。

系统的表达。看来，原因并非就简单地是：按阶级斗争式的思想史，伊壁鸠鲁的政治成分被划为朴素唯物主义者。

伊壁鸠鲁的名字在思想史上几乎等于"享乐主义"，按理说，与政治没有什么直接关系；再说，伊壁鸠鲁所注重的生命快乐虽然基于感觉，毕竟还是精神性的，并非现代或现代之后基于技术进步的享乐——生的快乐别名"幸福"，对伊壁鸠鲁来说，"幸福"不等于物质生活上的安逸，而是"不喜亦不惧"的泰然，或者说一种精神愉悦——从而让我想起国学大师钱穆心目中的中国第一高人陶潜。

伊壁鸠鲁临终前给自己的学生写过一封信，信中用了这样的语式表达自己的人生观："我们把握着同时也过完了生命的 μακαρία ἡμέρα［幸福时光］。"从文字上看，这话十分暧昧，两个动词（"把握"和"过完了"）用的都是分词形式，而且处于平行关系，使得句子的意思不清楚："把握"着的生命怎么又是"过完了"的生命呢？明明是自己到了临终之时，何以主语为"我们"？作为收信人的学生离自己的临终日不是还早着吗？

这信是私信，而非公开信，也非那些假借私信形式而写的公开信（如柏拉图、卢梭之流喜欢干的那样）——在这样的信中，伊壁鸠鲁吐露的是自己最切身的感受，因而不讲究公开的修辞；他一生中最亲近的人是自己的朋友和学生，或者说精神上的"同性恋"，而非自己的血亲——政治上所谓的"他者"更不在其视域内，因而话的主语用的是"我们"。如此生活的私密和亲密就是伊壁鸠鲁的"生命的幸福时光"，所谓"把握"和"过完了"似乎可以理解为："幸福的时日也是大限的时日"，过幸福的生活与终结自己的生活就是一回事，端看"我们"如何把握。

无论怎样理解伊壁鸠鲁的"快乐"感觉，伊壁鸠鲁的学说毕竟基于个人的"欲望"感觉或者说"身体"感觉。如果在"欲望"

感觉之上还要来建立一套政治伦理（或曰政治哲学），怎么可能——如果可能又会怎样呢？再说，伊壁鸠鲁也是古希腊哲学中人，按大的划分当归属传统一边，依傍伊壁鸠鲁何以就会成了反古希腊的政治思想传统而创造性地转化出现代政治原则？

在《王制》（原译《理想国》）卷四中，柏拉图讨论到灵魂中的三种成分：欲望、血气、理智——血气（θυμός，郭、张本译作"激情"）的位置最模糊，也最耐人寻味。血气既像是理智的助手，又像是欲望的帮衬，游移于欲望与理智之间（439b—441b）。也许，说血气的理智或血气的欲望，都可能。忒拉绪马霍斯是个有血气的智术师，但其政治观点却包含了可以称为伊壁鸠鲁主义的东西——在引证过忒拉绪马霍斯的政治观点后不久，施特劳斯马上就谈到柏拉图政治哲学与伊壁鸠鲁主义之间的紧张关系，恐非偶然（《自然权利与历史》，前揭，页110-114）。① 如果说，血气要么基于理智，要么基于欲望，那么，基于欲望的血气大概就是伯克所谓变得"积极主动、狡猾诡谲、野蛮狂暴而富于煽动性"的伊壁鸠鲁主义的心性基质——正如毕希纳敏锐地看到的那样，罗伯斯庇尔的革命道德激愤与丹东的自然欲望的权利其实是一体两面。

伊壁鸠鲁（Ἐπίκουρος，公元前341—前270年）出生在Samos岛，父母是雅典人——据说父亲还是个教师。在三兄弟中，伊壁鸠鲁从小聪颖过人，喜欢哲学，曾跟从一位名叫Pamphilos的柏拉图门人学哲学。因儿子对这位柏拉图信徒的授课不满，父亲便送儿子进了一位名叫Nausipahnes的哲人主持的德谟克里特学派的学园，在那里，伊壁鸠鲁感到这样的教诲特切合自己的心性：生命的最高境界是ἀκαταπληξία［别让自己害怕］。依据这一信条，伊

---

① 亦参刘小枫编，《驯服欲望：施特劳斯笔下的色诺芬撰述》，贺志刚、程志敏译，华夏出版社，2002。

壁鸠鲁后来建立了自己的伦理原则 ἀταραξία［别让自己心神不定］——套用陶渊明的句子:"不喜亦不惧。"

德谟克里特是沉思自然的哲人,开创了思想史上著名的"原子论"派——由于马克思、恩格斯忒喜欢他,称赞他为"经验的自然科学家和希腊人中第一个百科全书式的学者"(《马克思、恩格斯全集》卷三,页 146),其成分被划为"朴素唯物主义",因而在国朝学界早就耳熟能详。如果伊壁鸠鲁的生命原则让霍布斯得以开创出现代政治原则,我们如今要找现代政治哲学的渊源不就得通过伊壁鸠鲁找到苏格拉底前的自然哲人身上去?——二十世纪的哲学之王海德格尔一再说,如果要彻底医治现代政治—伦理的痼疾就得回复苏格拉底前的自然理解,这又是怎么回事?

十八岁那年伊壁鸠鲁去到雅典时,喜剧诗人米南德(Menander)名气正旺,雅典民主政制已经气息奄奄、日薄西山。起初,伊壁鸠鲁一边听柏拉图学园掌门人色诺克拉底(Xenokrates)的课,一边利用课余时间自己开办哲学讲习班——他应该没有见过亚里士多德,因为,亚历山大大帝死后,亚里士多德就离开了雅典。

后来(公元前 310 年),伊壁鸠鲁离开雅典,回到城邦的一个乡下("归田园")办起自己的学园,与柏拉图学园对着干——还收女弟子,比如后来传扬其幸福论的忒米斯塔(θέμιστα)。跟伊壁鸠鲁学习的,不少是从大城市来的孩子,这些孩子与伊壁鸠鲁的关系形同父子。在这个乡下学园,伊壁鸠鲁身体力行践行一种与自然合一的生活方式("归田园居"),其写作多是带亲切私密性的书信,很有魅力,从中我们看到,伊壁鸠鲁并非整天与人谈"物性",而是谈非常清淡的事情。① 翻开眼下的两本汉译古希腊哲学文献,我们看到的仅是伊壁鸠鲁写下的那些所谓带原子论色彩的自然哲学观点,让人觉得,伊壁鸠鲁实在索然无味。其实,倘若我们不从所谓本体论或认识论一类现代形而上学的体系原则入手来认识伊壁鸠鲁,而是注意伊壁鸠鲁的生活和写作方式,情形可能就不同了。

伊壁鸠鲁死后,被其学派的门徒尊为神,其人生观据说在所谓"伊壁鸠鲁学派"中维持了差不多五百年,竟然没有一丁点儿改变,不能不让人刮目相看——我们应该知道,伊壁鸠鲁学说要在罗马的政治伦理处境中站稳脚跟并不容易,因为,其伦理原则与罗马的政治伦理很难吻合。

伊壁鸠鲁从柏拉图学园转向德谟克里特派的学园求学,在那里找到了切合自己心性的思想基础,从思想史上讲,便传承了苏格拉底之前的自然学说——"在伊壁鸠鲁的学说中,没有一个重要观点不是在恩培多克勒或德谟克里特那里已经碰到过的"(罗斑语)。在柏拉图的《会饮》中,有个代表苏格拉底之前的自然学说的医生叫厄里克西马库斯,他在那个"会饮"场合一开始是"酒司令"——这个位置暗指的是雅典民主政治文化的主将,后

---

① 伊壁鸠鲁身后留下的作品主要是些书信和以箴言形式写成的四十条论题,题为 Κύριαι δόξαι(主要学说命题,拉丁文名为:Ratae sententiae)。关于伊壁鸠鲁的古代文献,见第欧根尼·拉尔修,《名哲言行录》,马永翔等译,吉林人民出版社,2003,页 627-701;现代文献参见罗斑,《希腊思想和科学精神的起源》,陈修斋译,广西师范大学出版社,2003,页 332-353;J. M. Rist, *Epicurus, An Introduction*, Cambridge 1972;R. Müller, *Die Epikureische Gesellschaftstheorie*, Berlin 1972; Elizabeth Asmis, *Epicurus' Scientific Method*, Cornell Uni. Press 1984。文选参见 Hans-Wolfgang Kranz 编,*Epikur: Briefe, Sprüche, Werkfragmente*,古希腊语—德语对照本,Stuttgart 1980;中文文献参见罗晓颖编,《菜园哲人伊壁鸠鲁》,华夏出版社,2010。

来"酒司令"的位置被民主政治家阿尔喀比亚德僭取。轮到厄里克西马库斯赞颂"爱若斯"时,这位"酒司令"依据自己拥有的技艺(医术)从"生理/自然"的观点(或者说恩培多克勒的观点)来赞颂"爱欲"——有情人被界定为身体(要么是健康的身体,要么是病态的身体),情伴则被界定为生理性的"胀"和"泄"——其实也等于被界定为身体,因为,胀泄都发生在身体上("胀"的希腊文词根与"怀孕"相同,"泄"让人联想到生产)。按照这样的自然理解,欲求与被欲求对象之间的差异及其对立被取消了:说身体统合欲求与被欲求者,无异于说爱欲等于身体爱身体。从思想史方面来看,由于身体统合了人自身与人的对象世界,身体自然便成了"本体论的"基础(海德格尔的"亲在"不过是其精致的形而上学式表达)。在此身体基础上,厄里克西马库斯医生在颂辞中提出了基于医术的技艺系统对生活世界的最高治权①——我们记得,伊壁鸠鲁的哲学实践其实就有如(或干脆说是)一套具有医疗性质的思想技艺。

对于厄里克西马库斯医生的人生医疗观,《会饮》中的诗人阿里斯托芬和哲人苏格拉底要么挖苦、要么修理——海德格尔在批判现代技术统治的形而上学根源时,无视这些挖苦和修理及其思想史意蕴,重新高标赫拉克利特—恩培多克勒—德谟克里特的自然哲学大旗,颇为让人费解。

医术(治疗术——伊壁鸠鲁哲学堪称"灵魂治疗术")可能成为政治原则的基础吗?

在希腊的古典时期,已经有知识人(比如厄里克西马库斯医生这样的前苏格拉底自然哲人的学生)这样企望过,不然的话,

---

① 参见 Leo Strauss, *On Plato's Symposium*, Uni. Of Chicago Press 2001, 页 110-113。

柏拉图笔下的苏格拉底不会在讨论"法"的智术时扯到医术与正义的冲突、扯到医生、好医生、国家医生之类的对比（参见《王制》405a-406e）——无论医术在技术上获得多大进步或在哲学上得到何种形而上学的提高，医术是否能为人类政治生活的好坏提供尺度，在柏拉图那里已然是个问题。

这个问题的要害是：医术（或灵魂治疗术）守护的是非常私人性的个体身体，以抵制死亡对身体的威胁；换言之，医术（或灵魂治疗术）基于（或出于）人对死亡的恐惧（霍布斯政治哲学的出发点正是这恐惧本身）——想当初，阿波罗的私生子阿斯克勒皮奥斯学得医术成了有史以来第一位医师后，便用自己的技术让人不死，还把死人救活，宙斯得知后，惊骇不已，深知人如果被免除死亡后果将不堪设想，便出霹雳击打阿斯克勒皮奥斯……①倘若医术原则成为政治原则的基础，政治的正义便受自保的人性及其死亡恐惧的支配，这样的政治伦理会是怎样的呢？

传扬伊壁鸠鲁学说的思想者代不乏人，而且大都天分极高：罗马时期有天才诗人卢克莱修，随后便是现代性第一次大浪潮中的霍布斯（及其后继者斯宾诺莎）；在现代性的第二次大浪潮中，卢梭最重要的著作《论人类不平等的起源》试图以《物性论》第5章中对人类命运的描述为样板重写人类"历史"（参见《自然权利与历史》，前揭，页270），到了十九世纪（也就是现代性的第三次大浪潮时），尼采又再提请人们温习伊壁鸠鲁（和卢克莱修，参见尼采，《快乐的知识》，条375-376）②——当今的后现

---

① 参见阿波罗多洛斯，《希腊神话》，周作人译，中国对外翻译公司，1999，卷三，第十章3-4节。

② 参见 Laurence Lampert, *Nietzsche and Modern Times*, Yale Uni. Press 1993，页423-428。

代思想家虽然尚未直接给予伊壁鸠鲁足够的关注，但他们所高扬的"生肌原则"以及对斯宾诺莎的礼赞，表明后现代"主义"者不过是在创造性地发扬、转化伊壁鸠鲁。

进入二十一世纪据说等于进入了现代之后——从思想史来看，也可以说等于进入了伊壁鸠鲁作为"我们共和国的掌门人"的纪元——在这样的时代，难道我们不应该把"掌门人"的脸相看清楚一些？

可是，倘若不重新捡出或挑起柏拉图式哲学与伊壁鸠鲁式哲学的古老论争，我们可能看清楚"我们共和国的掌门人"的脸相？在唯物思想史观指引下，"具有朴素唯物主义思想"的卢克莱修的《物性论》早已译成汉语，但学界中人读这书的恐怕不多，读进去了的恐怕还数不出来——问题仍然是：如何读。《伊壁鸠鲁的政治哲学》一书作者 James H. Nichols 在施特劳斯的《卢克莱修简注》一文启发下，经布鲁姆具体指导，做了一次对《物性论》的"贴近阅读"。通过了解这次"贴近阅读"，我们中间有心的读者兴许会产生亲自去阅读的兴趣——毕竟，伊壁鸠鲁已经是"我们共和国"的"掌门人"。

刘小枫
2004 年 4 月 15 日
于中山大学哲学系

序　言

　　该书是我多年沉醉于卢克莱修的结果。最初，我被其作品中呈现出的两种似乎全然相异的因素的完满结合所震撼：理论的质朴和诗性表达的优美。对这两者联系的反思让我在其理论中看到的他对人类处境的思考，比大家表面上看到的要复杂和深刻得多；我最终的结论是，卢克莱修的教诲乃一种有力而根本的哲学抉择。这本书试图阐明这种抉择，并显示其持久的重要性。

　　我对卢克莱修以及其他许多东西的思考，都受益于阿兰·布鲁姆（Allan Bloom），他是极好的榜样，并给予我友好的指导。他首先引导我去认真研究过去那些伟大的思想者们，并从中领略他们那让人振奋、清澈而深邃的思想，而他们的观点现在却被人忽略、轻视和误解；在研究的每一个阶段，他都宛如永不枯竭的源泉，给我鼓励、批评和建议。费尔班克斯（Charles Fairbanks）和弗拉德坎（Hillel Fradkin）仔细阅读了我的手稿，提出了一些有创见的问题和有益的修改意见。博洛坦（David Bolotin）凭借其敏锐的洞察力向我指出几处需要进一步完善的地方。

　　我要感谢埃尔哈特（Earhart）基金会所提供的夏季研究项目，它激励并推动了我对伊壁鸠鲁主义的研究。我也要感谢Claremont Men's College 于1973年和1974年所提供的夏季研究项目。

　　我所使用和参考的卢克莱修文本都出自西里尔·贝里（Cyril Bailey）的《提齐乌斯·卢克莱修·卡鲁斯〈物性论〉六卷》（*TitiLucreti Cari De Rerum Natura Libri Sex*），带前言、批评性的注解、翻译，以及注释（3 卷，牛津大学出版社，1947 年），其所有的注释都被参考。我也参考了马丁（Joseph Martin）的托伊布纳（Teubner）本（第 5 版，莱比锡，1963 年）、比代（Budé）本，以及埃尔努（Alfred Ernout）的翻译《论自然》①（*De la Nature*，2 卷，第 10 版，巴黎，1966 年和 1964 年）。保尔森（Johannes Paulson）的卢克莱修索引（第 2 版，哥德堡，1926 年）对于研究原文的细节十分有用。对于卢克莱修作品的翻译以及其他外文的翻译，如无特别指明，均出于我自己之手。

尼古拉斯 纽约

---

① ［译注］《论自然》（*De la Nature*）乃《物性论》的另外一种译法。

第一章 导言

伊壁鸠鲁主义是古希腊、罗马最重要、最具影响力的哲学学派。然而，伊壁鸠鲁本人卷帙浩繁的作品，只有四部短篇被完整地保存在第欧根尼·拉尔修（Diogenes Laertius）《名哲言行录》的第10卷中。其余的，除了《梵蒂冈箴言集》（*Sententiae Vaticanae*）以外，就只有一些短小的残篇尚存。伊壁鸠鲁学派现存最长、最全面的作品是由公元前一世纪上半叶罗马人卢克莱修以六步长短格写成的诗，名为《物性论》（*De rerum natura*），长达六卷。现在当我们试图来理解伊壁鸠鲁主义的政治哲学时，着眼点就是卢克莱修。

在研究的开始，有必要处理一种可能的基本反对意见，这种反对意见可以表述为：不存在伊壁鸠鲁主义的政治哲学，与同时期以及后来的其他哲学教义相比，伊壁鸠鲁主义尤其是非政治的。有几个理由让这种反对意见看来是可信的。一些人常常倾向于将伊壁鸠鲁主义看作由泰勒士（Thales）发端的希腊自然哲学（physiologia，对自然、自然科学的究理）传统的最后发展。伊壁鸠鲁主义的物理学在伊壁鸠鲁的著作和卢克莱修的诗歌中都占有重要地位，毫无疑问，它也与德谟克里特（Democrite）的原子论有着最根本的一致性，并从这种自然（物理）理论中精炼而出，而原子论的自然（物理）学与政治学之间似乎没有直接的关联。

此外，一个人如试图在伊壁鸠鲁的其他著作以及《物性论》中，寻求某种类似我们在柏拉图和亚里士多德那里发现的政治教导,那只能是徒劳枉然。在那里,什么是最好的政治制度,什么是在不同情形下最可实行的政治制度,这些都没有讨论。对存在于过去和现在的不同政治体制以及政治活动的进程,《物性论》也没有给予详细的研究;同样不存在给予政治家实际建议的任何企图。最后,伊壁鸠鲁主义的教导似乎完全敌视政治,怂恿人们逃避政治生活,例如:伊壁鸠鲁本人就说,我们必须将我们自己从公共事务和政治的囚笼中解放出来;卢克莱修则建议,平静地服从要好于对他人的统治。①

然而,我们这部论文的主旨却是:存在着一种伊壁鸠鲁主义的政治哲学,就其自身和历史影响来看都是十分重要的,值得我们认真地思考。这个论断的全部证据和意义的澄清都只能来自对卢克莱修全部教导的研究,这构成了本论文的主体。但是,在开始着手进行研究以前,还适合对一些似是而非的根据进行剖析。

伊壁鸠鲁主义不仅仅是一种原子论学说,正如一位当代评论者所指出的:

> 《物性论》的主旨不是德谟克里特的原子论。原子论是一种科学的假设,它对两百多年来自然(物理)学的思辨给出了杰出的总结……另一方面,当伊壁鸠鲁主义将原子论整体当作一种对物质结构的真实描绘时,它是一种关于人和社会的哲学。②

---

① 《梵蒂冈箴言集》(*Sent. Vat.*) 58. 卢克莱修《物性论》V,1127-1128。

② 法林顿(Benjamin Farrington),"卢克莱修《物性论》中的形式和目的"("Form and Purpose in the De Rerum Natura"),《卢克莱修》(*Lucretius*),Donald Reynolds Dudley 出版,伦敦,1965 年,页 20。

伊壁鸠鲁主义不仅仅是一种物理学理论，它首先是一种关于人生的教导，指导人们如何尽可能地获得最好的生活，以及为了实现这一目的他们必须拥有什么样的知识。伊壁鸠鲁认为，自然哲学（physiolgoia）并不意味着仅仅是自然哲学，它还可以让我们从恐惧中摆脱出来，去过一种可能的幸福生活；通过对自然哲学这样一种作用的表达，伊壁鸠鲁揭示了上述那些人类问题的至高重要性。换而言之，对伊壁鸠鲁而言，伦理学优先于物理学，最重要的是人的幸福。① 既然大多数人与他人共同生活在政治社会中，对于任何以幸福为目的的哲学来说，至关紧要的部分都必须关涉人与他人的关系，关涉政治。政治社会对人施加了各种要求；充满政治活动的生活，或让你成为一名捍卫自身荣耀的统治者，或让你成为一名好的被统治者，或兼而有之，但无论是哪一种，都会让它本身成为一种值得选择和光彩耀目的生活方式。而由法律、信仰和习俗构成的整个政治框架会对政治社会的成员产生一种程式化的影响（formative effect）。因此，关注最佳生活方式的人必须清楚地懂得政治社会，而这个社会似乎主要由其正义构成（它凭借其正义的主张，颁布和执行公正的法律、法令和判决，以及甘愿服从，甚至献身）。与这种必要性相对应，伊壁鸠鲁在其《格言集》中主要讨论正义问题，而不是其他某一方面的

---

① 《格言集》（*Principal Opinions*）11；《书信：致美诺俄库》（*Letter to Menoeceus*），§122。

[译注] Principal Opinions 乃希腊文 kyriai Doxai 的直译，直译为《主要意见》，汇集了40条伊壁鸠鲁学说的条文，在古代影响很大，甚至被看作伊壁鸠鲁学说的纲要，后来一般将之意译为《格言集》。

题目。① 他对政治统治的贬低并不意味着他对政治缺乏起码的关注：诚然，柏拉图在介绍苏格拉底时，认为他说过这样的话，即最高的人类活动是哲学而非政治，哲学家不会选择去统治别人，但他不得不去统治；② 然而，正是苏格拉底创立了政治哲学的传统。

由于《物性论》的整体性和更大的综合性，我们在卢克莱修那里要比在伊壁鸠鲁那里更能看清、认识到政治生活的重要性。在《物性论》第 5 卷的后半部分，卢克莱修以很长的篇幅描述了人类从原始的、简单的、孤立的状况发展到现今的政治社会的历程。他研究了包含在这演化过程中的基本的社会和政治的变迁，以及与之紧密相连的语言、宗教、战争、艺术和科学的发展。这样的描述对于建构伊壁鸠鲁主义的体系来说，当然是必要的，因为，如果没有它，一个人可能会认为我们已知的人类生活的某些方面与该体系不一致，即不能被那体系所理解。但是，该段落的长度和细节，以及卢克莱修在那里对诸事件和发明创造所进行的重要评述都表明，对人类发展的认识紧密地依赖于整个作品的宗旨。卢克莱修用了很大的力气来研究人类的起源，试图获得对其原因的哲学理解，该原因对于随后所发生的变化来说，既是直接的，也是根本的。他的总体评论显示出，他试图把这些变化置于

---

① 《格言集》第 31-38 条明确讨论了正义，与之有清晰关联的还有第 5-7、13、14、17、21、39 和 40 条。《主要意见》是 kyriai Doxai 的习惯译法，它更加精确地表达出了"至高无上的、权威性的，或统治性的学说"这层意思。后来的翻译也有其长处，因为它在两种意见之间给出了含蓄的对比，前者是在政治社会中通常统治人们生活的意见；后一种意见则是与正确的认识（即伊壁鸠鲁主义的认识）相一致的，即如果要过一种尽可能幸福的生活，它必须对人的生活给予指导。

② 《理想国》Ⅶ，519c-520d。

一个哲学框架中,通过这个框架,那些变化可以被真实地加以评价。因此,尽管他没有对诸政治制度进行比较研究,但他却关注政治哲学,即一种关于政治生活的起源、原因、意义、政治发展,以及与政治相关的其他发展的教导。

在某种意义上,《物性论》具有一种政治品格,因为它整体上反对世俗的宗教信仰,而宗教的起源和存在与政治生活紧密相联。整部诗歌反对宗教的倾向是清楚的,这也受到了广泛的公认;从大量引文中略举两例,就足以证明这个论断。卢克莱修将伊壁鸠鲁首先当作一位敢于反对压迫人类生活的宗教的人物。卢克莱修把他自己的成就概述为:教导那些极重要的东西,将思想从狭隘的宗教①的桎梏中解放出来。对宗教与政治关系的全面阐述构成了理解卢克莱修的政治哲学,以及我们正在进行的研究的一个极其重要的方面。它们之间联系的紧密性从以下简要的思考中就可以看出。卢克莱修关于宗教最广泛的讨论出现在《物性论》第4卷的后半部分,紧接在他描述政治社会的形成之后。在篇幅上,对宗教的讨论比对任何其他方面的讨论都要长(第5卷,1161-1240)。神学问题是贯穿整部诗歌的核心问题。卢克莱修不仅仅抨击宗教,他也逐步深刻地分析了根植于人类灵魂中的宗教根源,以及它们如何随着人与其周围环境的相互作用而变

---

① 《物性论》Ⅰ,62-79,931-932(在Ⅳ,6-7中被重复)。拉丁语 religio([译注]复数 religiones,我统一译为 religion。)一词既能表示对诸神的恐惧和敬畏,也能表示与之相联系的崇拜活动。复数着眼于表示这些恐惧和崇拜的多样性。贝里在评注《物性论》Ⅰ,63(Ⅱ,609)时出现了一个严重的失误,他说:"对于卢克莱修来说,religio 是一个重要的词汇,在序诗中,它反复出现在83、101和109中,此外,它就仅仅出现在Ⅵ.1276中。"事实上,卢克莱修在下列地方都使用过该词:Ⅰ,78、932;Ⅱ,44、660;Ⅲ,54;Ⅳ,7;Ⅴ,86、114;Ⅵ,62。

迁。这种分析导致了许多根本性的问题。人类灵魂的本性是什么？通过绵延于时间中的有关世界的经验，人是如何发展宗教、政治生活、语言和艺术的？这些发展与人的本性、自然的欲求、真正的幸福，以及他在宇宙中的真正位置之间有何关联？试图回答这些相互关联的根本问题，构成了卢克莱修思想的核心。

在另一种相关的方式上，《物性论》作为一个整体，有着一种政治性格。它不是针对那些已经成为伊壁鸠鲁主义哲学家的人，而是针对那些为操心、信仰、激情（好恶）等（正是它们刻画出政治社会的性格）所左右的人。因此，卢克莱修关注的是伊壁鸠鲁主义的教导与持有信仰、依恋、欲望和恐惧的人之间的关系。总之，这种关系造成了一个巨大的问题：在多数人的意见、激情、生活方式与那同真理相一致的自然和最佳生活之间，存在着一条鸿沟。卢克莱修作出了一个特别的论断，说他能够通过对伊壁鸠鲁主义教导的诗性表达跨越这个鸿沟。这个问题将在下一章中更详细地讨论，但在这里我预先提及两点：第一，卢克莱修下此论断所依据的认识必然首要是政治的，即它关系到人在政治社会中的状况和他们成为此状况的缘由；① 第二，卢克莱修对于政治的这样一种理解不仅仅也不完全局限在这部诗歌的某一个段落，相反，它贯穿和指导着他关于物性思想的整个表达。因此，按照卢克莱修诗歌自身的顺序，通过对整部诗歌的解释来理解卢克莱修的政治哲学是必要的。然而，最重要的是，通过分析和反思卢克莱修表述其思想的方式，一个人能到达其思想的最深处，在那里，他思考了根本的人类问题，即伦理、神学和政治等问题。

---

① 当然，关注人类发展的段落（V，925-1457）构成了它的实质部分。

研究卢克莱修最重要的原因在于，伊壁鸠鲁主义描绘了一种基本的哲学抉择，并且，这种古代唯物主义被从事政治哲学的学者们相对忽略了。一方面，他们更加重视由马基雅维里和霍布斯开端的近代政治哲学家；另一方面，让他们感兴趣的是政治哲学的苏格拉底式的，或观念论的古代传统（我们姑且这样讲），它包括柏拉图、亚里士多德、西塞罗和阿奎那等人的著作。我们则认为，伊壁鸠鲁主义既是这两个哲学传统的有力的反对者，同时，它对从前的那些思想方式提出了许多问题和反对意见，而那些思想方式对于任何一位寻求对政治生活给予哲学理解的人来说，都是必须加以探究和彻底考察的。

　　对于那些以这种或那种方式源于苏格拉底的思想流派来说，伊壁鸠鲁主义是它们最有力、最激进的反对者。它关于自然的思想与前苏格拉底时期的德谟克利特的原子论在许多方面契合，但是，它绝不是那比苏格拉底传统更古老的科学传统的回光返照。伊壁鸠鲁和卢克莱修首先涉及的是基于对世界作机械理解下的人类生活的意义，因此，同苏格拉底、柏拉图和亚里士多德一样，伊壁鸠鲁主义也在探讨同样根本的伦理和政治问题，以及对这些非常困难的问题的回答。伊壁鸠鲁将整个自然看作运动中的物质，它无目的地运动着，完全异于柏拉图的理念而无定形，它不为任何自然的目的所指导。在这个机械的、非神学的宇宙中，人是自然的个体存在。人本质上不是政治动物，自然既不直接把人引向政治社会，也不在政治生活中为人提供直接的指导。人不会有这样一种自然倾向，即他只能在政治生活中获得完满，相反，政治社会依赖于一种契约和协议，它的根本目的在于保护个人的私有财产。因此，伊壁鸠鲁主义抨击柏拉图、亚里士多德的政治思想，更为重要的是，它抨击他们把宗教作为政治秩序的一种支撑来加以利用和捍卫。然而，伊壁鸠鲁主义却与所有其他的古代哲学在关键的一点上保持一致,即哲学的首要地位在于,它是人类幸福的最重要的构成要素。

近代政治哲学源于有意识地反对传统(亚里士多德主义与基督教的综合体),它在有别于亚里士多德主义的一些重要论点上与伊壁鸠鲁主义相一致。事实上,在 17 和 18 世纪颇为风行的伊壁鸠鲁主义为近代思想的发展作出了重大的贡献。① 在大多数基本的与人相关的领域,伊壁鸠鲁的自然观点与我们的近代观念是相同的。但是,就人应如何生活,政治社会应建立在什么样的原则之上,趋向什么样的目的,哲学或科学应具有什么样的特征和功能等问题,近代人却给出了极其不同的结论。② 他们的哲学旨在提出种种新的方案,以便促使政治改革,以及为了改善人的生存条件而提出征服自然的新计划。这是极其重要的差异,尽管在关于整个宇宙的性质上,两者具有总体上的一致性。我们自身的处境,已为近代政治哲学、科学和技术所决然铸就,而这种差异,对于理解该处境提出了许多根本性问题。为什么卢克莱修和伊壁鸠鲁都无意于为政治和科技的发展提出如此种种的方案?他们是否有很好的理由认为那样的方案是不合需要的或不可能的?近代政治哲学家是同意和克服了这些理由,还是忽略或低估了它们?当前研究中的希望在于,卢克莱修关于伊壁鸠鲁思想的研究,以及我们后来对于伊

---

① 这在伽森狄(Pierre Gassendi)的著作中表现得最为明显。科伊热(Alexandre Koyre)论证说,伽森狄的影响如此巨大,以至于十七世纪有教养的人更像伽森狄主义者,而不是笛卡尔主义者。《科学思想史研究》(*Etudes d'histoire de la pensée scientifque*),巴黎,1966。论文"伽森狄及其时代的科学"(Gassendi et la science de son temps) pp. 284-296。伽森狄的重要性在《伽森狄:生平与著作》(*Gassendi: Sa Vie et son oeuvre*)(巴黎,1955)中已经被几位学者重新评价过。

② 伊壁鸠鲁主义与三位近代哲学家的直接比较是最后一章的主题。

壁鸠鲁思想的通常敌视，将使我们更明晰地关注我们自己的政治思想、隐藏其后的原则以及实现它的可能方案。

我们是由近代哲学和科学熏陶出来的，伊壁鸠鲁主义特别能引起我们的兴趣，因为，在所有古代哲学中，它是最能通向我们的一条路。它关于自然（物性）的观点类似于我们——在那些直接有关如何理解人的方面（尤其人的道德和政治能力）——我们不必去面对那些我们自己的科学都断然反对的种种学说。伊壁鸠鲁主义几乎和近代科学一样，拒绝下面这样一些学说和论点，如：我们的感观世界以及栖息于这世界中的族类是永恒的，这世界被高于人类的某种理性原因所统治等等。因此，对于人类生活的伊壁鸠鲁式的反思不会成为我们科学的直接对立面，相反，它将人类的困境置于一种关联中，而这种关联与我们的科学所提供的情景相似。伊壁鸠鲁主义对于我们所散发的迷人魅力在于：它详尽地描述了在一个无限而无目的的自然中，对于人的处境的根本不同的回答。至关紧要的是，在近代观念看来，哲学或科学放弃了让其成为人类至高幸福的生活方式的主张，相反，它致力于为全人类产生以下这样一些东西——政治的自由稳定、经济福利和技术进步。

比较起来，对于要获得其自然观所主张的人类幸福所面临的种种困难，伊壁鸠鲁主义有着完全清醒的认识，但是，它却坚持将理性和哲学的首要职责看作构成真正的人类完满幸福的要素。近代政治哲学现在似乎处于危机关头。它对其宗旨已丧失了信心，要么远离人类生活的深层问题，以经院哲学的方式喋喋不休地讨论细微琐事；要么用一种完全非理性的态度处理我们应该尊重什么、应该怎样生活等至关紧要的问题。这就是我们现在的状况，我们有充分理由重新思考伊壁鸠鲁式的抉择，虽然它清楚地洞察了人类需求和目的的无限自然深渊，然而，它坚持认为，理性能引导我们找到生活真谛。

第二章　理论的诗性表达

让我们非常吃惊的是，卢克莱修对于伊壁鸠鲁哲学进行全面论述的作品——《物性论》，竟然是一部诗作。诗歌通常不适于表述严肃的哲学思想，而散文通常属于哲学语言，看上去更适于进行清晰而准确的表达。并且，从表面上看，伊壁鸠鲁主义更多论述的似乎是那些不具诗意的事物，它是完完全全的机械论者；它的基本理念是原子论，根据这种理论，最基本的存在是看不见的、不可毁灭的原子和无限的虚空；它反对流俗的宗教信仰，让我们的世界以及一切东西都丧失神圣性；它认为爱（情）是徒劳，明智的人应避免非理性的沉溺；它蔑视政治生活，因而贬低帝王、政治家和将帅的功绩。因此，伊壁鸠鲁的教导抛弃了诗歌的通常题材。在古代存在着一种教诲诗（didactic poetry），这或许可使伊壁鸠鲁哲学看上去不是那么奇特，但是，这个题材对于一个诗人来说，未免仍是奇怪。

从伊壁鸠鲁主义自身的观点来看，伊壁鸠鲁哲学的诗性表达更令人吃惊，正如新近一位卢克莱修的评论家所指出的：

> 将伊壁鸠鲁的自然哲学编排成一部诗歌，这比通常所说的要令人吃惊得多。熟悉《物性论》的现代读者并不总是意识到在那里有着根本的自相矛盾之处……就伊壁鸠鲁本人对诗歌的看法而言，这里有着一种额外的困难。如果一个人告诉伊壁鸠鲁说，诗歌是其理论流传下去的主要方法，那么，

他无疑会大为吃惊而充满疑惑,并感到明显的不安。①

伊壁鸠鲁是诗的反对者,他对诗的敌意不是仅仅出于个人的喜好,而是与他整个哲学的基础和目的相关。他认为重要的事情是认识真理,以便远离愚蠢的恐惧和徒劳的欲望,这样,一个人才有可能过上最幸福的可能生活;人必须追求知识,远离诗的虚假吸引。真知和幸福生活的首要障碍是体现在神话中的流俗宗教,而伊壁鸠鲁把诗与那些神话相联系,因此,诗作为真正幸福的某种危险和破坏性的东西,应加以避免。卢克莱修死后,在罗马的伊壁鸠鲁主义者仍然对诗歌持蔑视态度,认为它对幸福的生活不能提供实在的功用,只能提供孩子气的娱乐。②

在卢克莱修自己的《物性论》中——尽管它是一部诗作,尽管他也偶尔表扬一些诗人——我们也能找到把诗与虚假和有害的神话相联系的证据。当卢克莱修一提到恩尼乌斯③作为第一位拉丁诗人的伟大荣耀时,就描述了恩尼乌斯关于灵魂本性和人死后灵魂的遭遇这两个自相矛盾的观点(正如我们后面将了解到的,这两个观点都是虚假的),这两个观点均能激发起恐惧,从而让卢克莱修有机会表明其自身的立场,即一个人必须了解灵魂的真

---

① 布瓦扬塞(Pierre Boyancé),《卢克莱修与伊壁鸠鲁主义》(*Lucrèce et l'épicurisme*),巴黎,1963,p.57。

② 布瓦扬塞,p.58;西塞罗《论目的》Ⅰ,ⅩⅪ,71-72。布瓦扬塞还断言,伊壁鸠鲁试图对所有的人讲话,包括那些没有教养和文化的人(paideia 包含诗歌)。尽管这或许是真的,但是,考虑到伊壁鸠鲁对多数人的轻视(如《残篇》187,"我从不试着让多数人高兴"),这种声称目前还是必须看作有疑问的。

③ [译注] 恩尼乌斯,即 Quintus Ennius (公元前239—公元前169),古罗马早期最伟大的诗人。

正本性。① 他叙述了希腊的那些博学的老诗人如何吟唱那伟大的物质（magna matter）——大地，并解释其意义。在结尾处，他说，不论那些传说是如何美丽和卓越，它们都远离了真正的理性。他进而表达了对诸神本性的一种完全不同的理解，得出结论说，任何其他的意见都是以可耻的宗教（Ⅱ，600-660）玷污人的心智。再者，当他讨论世界各对立元素的冲突时，卢克莱修讲述了法厄顿②的故事，他驾着太阳战车靠地球太近，几乎烧毁了地球，幸好朱庇特③出面挽救了情势。诗人们如此吟唱，但这却是一个"远远离开真理的故事"④。同样，对雷电的愚昧和恐惧的宗教解释也出现在诗歌——伊特鲁里亚经卷（Tyrrhenian songs）中⑤。因此，卢克莱修也揭示了诗歌与错误的宗教信仰之间的紧密联系，而这种信仰正是他起初竭力拒斥的。鉴于一种伊壁鸠鲁式的诗歌的矛盾性格，我们对卢克莱修思想的研究，就必须以考察那表达其思想的奇特手法开始。

《物性论》以对维纳斯（Venus）的优美赞颂起篇，把她称誉为一切光明、愉悦和迷人的事物之源。因为她，一切生物才被孕育，才生出来看见阳光；她的到来驱散了乌云，大地长出了鲜花，天宇发出灿烂的光彩。而没有她，任何东西都不能生长，都不能来到这明亮光朗的世界，也没有任何欢乐的和可爱的东西能生出来。这些赞美一直进行到卢克莱修请求维纳斯帮助他描写关于物性的诗句为止，他请求她赋予他的诗章以不朽的魅力（Ⅰ，

---

① 《物性论》Ⅰ，116-126，130-135。
② ［译注］法厄顿（Phaethon），又译为法埃同，太阳神的儿子。
③ ［译注］朱庇特（Jupiter），罗马神话中的主神，即希腊神话中的宙斯。
④ 《物性论》Ⅴ，396-406。引文出处乃Ⅴ.406。
⑤ ［译注］《物性论》Ⅵ，381-382，相似的段落出现在Ⅵ，753-755。伊特鲁里亚经卷，是伊特鲁里亚人的占卜书。

1-28)。卢克莱修的诗歌一出现在我们眼前,就犹如维纳斯一般灿烂迷人。卢克莱修不但以如此的主题开始他的诗歌,而且明确地表达了需要作为一切光明、迷人的事物之源的维纳斯给予他的诗歌创作以帮助的愿望。此时我们还未被告知诗歌的这些特性如何适合于哲学表达,但该问题紧接着就被提出(恩尼乌斯比较早地被提及)。同时,卢克莱修也阐明了宗教带来的恐惧,这是整个传说中最有力的部分,讲述了死后永恒的惩罚;而这些传说之所以被相信,是因为人对灵魂本质的无知。

> 恩尼乌斯,是他第一个从那可爱的希里康山上,① 带来一个光辉的常青之叶的桂冠,在意大利各族中间永远享有盛名。(I,117-119)

这段话表明,恩尼乌斯在用他那永恒的诗句讲述极其荒谬的故事;作为一位诗人,他受到了极高的赞美,但他的诗却与真正的、有益的哲学理解相悖。于是,这让人想知道,是否诗歌的魅力并不与其虚构的内容联系在一起。

在第一卷序诗的结尾,卢克莱修讨论了其任务的困难之外,还"用拉丁文的诗句,把希腊人深邃的发现说出"(I,136-137)。但是,美姆米乌斯②(这首诗就是献给他的)的品德以及他的甜蜜的友谊鼓励卢克莱修去忍受一切辛苦,整夜不眠地"去寻求用什么语言和什么歌唱,我才能为你的心灵揭露出那明亮的光,通

---

① [译注] 希里康山(Helicon),乃希腊南部的高山,在希腊神话中,此山被视为诗歌和灵感的源泉。
② [译注] 美姆米乌斯(Memmius):也译为明米佑。古罗马政治家和演说家,诗人的资助者。公元前53年因选举中的不诚实而被流放,大约死于公元前46年。

过它你可以洞察那些隐秘的（occultas）事物"。① 在这里，卢克莱修将他的诗看作获得理性的明晰和理解的手段。希腊人的发现是深邃的，难于理解，这或多或少是因为他们与隐秘的事物打交道。事物的原则，即原子，就是这种隐秘的事物，因为它们是完全和永远不可见的，或者如卢克莱修经常称呼它们的，它们是"隐蔽的"。② 卢克莱修的诗歌的宗旨就是将这些深邃发现带到光亮之处。卢克莱修一方面提出了理解之光和洞察那些隐秘事物的精神之光，另一方面他又提到了类似于维纳斯（卢克莱修将之看作其诗歌品质的保证）的迷人灿烂，我们现在还很难看清这两者之间是否存在着某种关联；同时，为什么诗歌适合于阐明伊壁鸠鲁的哲学，这也还是晦隐不明的。为什么清晰的散文不是表达伊壁鸠鲁哲学的最佳方式？这个问题在序诗的最后三行向我们特别地提出来：

> Hunc igitur terrorem animi tenebrasque necessest
> non radii solis neque lucida tela diei
> discutiant, sed naturae species ratioque.
> 因此，能驱散心灵的恐惧和黑暗的，
> 不是太阳的光芒和白日的箭矛，
> 而是自然的面貌和规律。(I, 146-148)③

我们所需的是摆脱因宗教而激发出的恐惧，以及对死后我们灵

---

① I, 136-145；卢克莱修常常称"诗"为"歌"，用动词"歌唱"来表达诗的作为。

② Caecus 既有主动的意义"隐秘的"，也有被动的意义"不可见的"。为了保留拉丁语的情感力量，我在被动的意义上使用"隐蔽的"一词。

③ ［译注］中文《物性论》的翻译主要参考方书春先生的译文，个别地方有改动，下同。《物性论》，方书春译，商务印书馆，1981 年。

魂的遭遇的无知阴影（比较"冥府的黑暗"tenebras Orci，I，115）。此乃太阳的光芒和白昼的明亮所不能实现的，换句话说，也就是那类似于维纳斯迷人灿烂（卢克莱修渴望被赋予其诗歌）的东西所不能实现的；① 这只能通过对自然，即对希腊人深邃发现的观察和理解才能实现。真正的理解之光是伊壁鸠鲁给予我们的：正是他，"第一个从无边的黑暗中，带来如此清晰的一丝光亮，照亮了生命中的美好事物"（III，1-2），正是他，"凭借他的技艺，把生命从汹涌的波涛和无边的黑暗中，带入宁静和清朗"（V，10-12）。在第一卷序诗结尾处的这三行优美的诗句中，② 卢克莱修声称我们不需要可爱的诗歌，而需要对自然的理性理解；然而，用诗歌来阐述伊壁鸠鲁哲学的原因对我们来说，还是隐晦不明。

我们的困惑随着卢克莱修对赫拉克利特（Heraclitus）的攻击而增加了。他指责他的错误，以及他乱七八糟表述的晦涩。这曾为赫拉克利特赢得名声，因为愚人们"认为凡为他们愚蠢的耳朵听来很甜蜜，或用巧妙雕琢的词句所粉饰的就是真理"（I，638-644）。鉴于前文所提及的，这样的谴责并不令人吃惊。但问题在于：这样的谴责岂不普遍适用于诗歌，包括卢克莱修自己的诗？所有的诗歌似乎都旨在用动人的声音打动人的耳朵。如前面所指出的，卢克莱修恳求维纳斯赋予他的诗歌以魅力（Leporem，I，28）；他称他的语言是"甜蜜的"（suavis，I，413），他的诗句和韵文是"甜蜜的言说"（suaviloquenti，I，945，IV，20；suavidicis，IV，180，909）。他甚至把他自己的诗歌的创作称为"装饰"或

---

① 列奥·施特劳斯"对卢克莱修的注解"，《古今自由主义》(*Liberalism Anxient and Modern*)，纽约，1968，P80。
② 卢克莱修对此已是深思熟虑，因为他在下列地方进行了重复表述：II，59-61；III，91-93；VI，39-41。

"润色"①。如果人们所需的是对真理的清楚理解,那么,为诗歌魅力和装饰进行辩护的理由是什么呢?

我们所提出的问题在第一卷的结尾处得到了回答,在那里,卢克莱修讨论了他自己的成就。② 当他谈到他的诗歌创作活动时,正如在序诗中所说的,他提到其主题的晦涩:"我深知它是如何晦暗。"(Ⅰ,922)但鉴于他前面提到,与美姆米乌斯的甜蜜友谊鼓励他去忍受一切辛苦,所以,在这里他说"对于荣誉的巨大期望,已用尖锐的酒神神杖戮穿了我的心,同时还向我胸中灌进了诗神甜蜜的爱"(Ⅰ,922-925)。这前五行诗没有像该段的其他部分那样,作为第四卷的序诗被重复。

卢克莱修继续讲述他诗歌方面成就的起源:

> 我漫游在派伊里亚的缪斯的遥远仙境,那里一向人迹罕至;我乐于来到那里的处女泉边吸饮清泉,我乐于采摘这个地方的新的花朵,为我自己编织一个光荣的王冠——文艺女神从来还未曾从这个地方采摘花朵,编成花环加在一个凡人的头上。(Ⅰ,926-930)

在序诗中,卢克莱修在缅怀中谈到了恩尼乌斯的新成就。在这里,他则第一次宣称自己做了更伟大的新事情,他解释说:

> 首先,因为我教导的是极其重要的事情,并将人的心灵从那束缚着它的可怕的宗教的锁链中解救出来。(Ⅰ,931-932)

该声称的两个部分必须放在一起,因为恩尼乌斯似乎也已经

---

① "有许多东西,还尚待用美好的诗章来加以装饰。"(Ⅵ,82.)
② Ⅰ,921-950;其中,926-950在Ⅳ的序诗中被重复,只有略微的改动。

教导了伟大的事情。卢克莱修至少将恩尼乌斯看作荷马的关于事物本性的思想的传播者。正如卢克莱修阐发伊壁鸠鲁关于物性的思想一样,恩尼乌斯也阐发了荷马关于物性的思想。但恩尼乌斯没有把心灵从宗教的恐惧中解放出来,因为他缺乏关于心灵和灵魂本性的知识。有人可能会补充说,卢克莱修所关注的伟大事情比恩尼乌斯所关注的更伟大:因为当前的这一节被安排在"宇宙是无限大"的那种理论之前。卢克莱修新成就的第二点在于:

其次,因为关于这样晦涩的(obscura)主题,我却唱出了如此明澈的(lucida)歌声。把一切全都染以诗神(缪斯)的魅力。(Ⅰ,933-934)

这两行诗又一次向我们提及那已讨论过的关于诗歌的两个不同的可能特性:首先,"关于这样晦涩的主题,我却唱出了如此明澈的歌声"暗示,诗歌有助于或类似于理性的清明,而明澈的理性会帮助理解那些隐秘的和困难的事物;其次,"把一切全都染以诗神(缪斯)的魅力"则暗示,理论表达的诗性特征是卢克莱修给出的附加的东西(或借助于维纳斯,或借助于缪斯,或借助于这两者)。在卢克莱修的两个声明中,他关于那伟大的事情(即把我们从宗教中解放出来)的教导被赋予了较高的地位;它被强调为"第一(首先)",而诗歌的灿烂和魅力是第二位的,这一节的剩余部分就是对它的考察,因为它需要解释和辩护,这既在先前我们关于伊壁鸠鲁诗歌的矛盾性格的分析中已被提出,同时,它也在该节的下一行带有辩护性的诗句中被暗示:"这不是没有理由的。"(Ⅰ,935)

卢克莱修把他关于诗歌魅力的运用与医生的行医相比较。当医生试着把不讨人喜欢的苦艾喂给孩子时,他们先把杯口四周涂满蜂蜜,用它碰孩子的嘴唇,于是孩子被愚弄而喝下苦涩的液体;因此,虽然被欺骗了,但并不就是全然受欺害,反而通过这种方式,他们康复了,并重新强壮起来。卢克莱修的诗歌就如同医生使用的蜂蜜一样:

> 我的论说在那些从未品尝过它的人① 看来总是有些太苦涩,大众(vulgus)总是厌恶地避开它,所以现在我也希望用歌声来把我的哲学向你阐述,用女神柔和的语声,正好像是把它涂上诗的蜜汁——如果用这个方法我有幸能够把你的心神留在我的诗句上,直至你看透了万有事物的本性,以及那交织成的结构是怎样。(I, 943–950)

在这段对其诗歌的解释中,卢克莱修宣称这样的诗歌与心灵的清澈理解之间没有直接的联系。正如我们前面所猜测的,以及他在这里默认的,为了让我们获得真正的伊壁鸠鲁对于事物说明的知识,散文的表达会同样好或更好。他的诗歌的一个本质特征就是甜蜜、令人愉悦的迷人或美丽,作为关于伊壁鸠鲁哲学的诗,这些对于该诗的实质教导来说,都是附加、补充和额外的。②

---

① 如果 quibus 不是与格,那么,就可以翻译为"对于那些还没有探讨过伊壁鸠鲁思想(或像卢克莱修本人所做的那样,作了某种准备之后才去研究伊壁鸠鲁思想)的人"。

② 施里吉维斯(P. H. Schrijvers)在《恐惧与神圣的快乐:对卢克莱修诗歌的研究》(*Horror ac divina voluptas: Etudes sur la poésie de Lucrèce*)(阿姆斯特丹,1970,页38以降)中指出,诗歌的魅力在下述意义上是可以得到辩护的,即它有助于清晰地理解伊壁鸠鲁哲学,因为我们的心灵只能把握它关注东西(IV, 811–815),而人们将关注那些令人愉悦(甜蜜)的事物。因此,尽管诗歌的魅力和理性的清澈有着本质的区别,但是,这两者之间却有着某种"功能性的结合"(functional union)。

诗歌的成分并不是从伊壁鸠鲁学说中自然和自动产生的。事实上,在真实的说明与诗性的魅力之间有着某种对立:真实的说明意味着,如果表达是直截了当的,那它会让人感到悲哀、苦涩和厌恶。在卢克莱修看来,真理对大多数人而言并不具有直接的吸引力,相反,它使他们顿生厌恶之情;原因就在于,在人身上实际存在着的诸种爱好和意见都是为真理所反对和阻止的。尽管真理缺乏吸引力,但人们需要它,如同疾病需要医药。然而,人们没有充分意识到他们的痛苦以及他们对真理的需要,或许他们感觉到某些东西是有毛病的和不足的,但他们却并不知道,能帮助他们的正是伊壁鸠鲁的思想,而这思想的外表却令他们退避三舍。卢克莱修对这思想的诗性表达旨在克服这种通常的反感,使

这一本书是我们所看见的对于卢克莱修的最有趣的新近讨论(在施特劳斯的论文被引用以后)。我们是在完成了当前的研究以后,才注意到它的。它公允地批评说,许多卢克莱修的研究都集中在卢克莱修这个人同他的诗的关系上,而忽略了这部诗和它的读者之间那种被刻意安排的关系;卢克莱修明确表示,这种关系能引导我们去解释该诗。之所以产生这种不恰当的关注,其中一个原因就是,存在着一个传说(在圣耶罗姆那里),即卢克莱修因爱情的刺激而陷于疯狂,他是在疯狂之间的清醒期写下了这部诗歌。这个传说并不是一个好的证据,但仍然产生了影响,使得评注者们过分留意卢克莱修的精神状态,例如,在卢克莱修的性格中有可能存在着一种忧郁的和悲观的"反卢克莱修"的一面。(法林顿在《古代世界的科学和政治》一书中已经准确地指出,"疯狂的不充足的证据难以作为反常的充足证明"。)

卢克莱修的研究者们常常太过着眼于这部诗歌中的那些反常因素(即那些看起来属于非伊壁鸠鲁主义的东西),视之为卢克莱修同他自己的战争的证据;反之,这些东西能被真正理解为一种诗性方法,卢克莱修试图用它来完成他的规劝的和招魂的任务。施里吉维斯使用了修辞学古典理论的一种有趣方式,详细地讨论了这些方法。尽管他的结论主要限于一种文学水平,没有达到对卢克莱修教导的哲学分析,但他的正确关注,对每一节的仔细分析,以及诗性的策略,揭示了这种方法那有趣的许多方面,而卢克莱修试图用这种方法吸引读者,并把他们引向伊壁鸠鲁主义。

这思想看起来更可口，或更具吸引力，直到读者从中体会良多，以至于他不再愿意（或许是不再能够）退避三舍。

对卢克莱修而言，在诗歌中存在着欺骗的基本要素，注意到这一点是很重要的。[①] 当医生把蜜汁涂抹在盛着苦艾的杯沿上时，孩子们就被愚弄了（ludificetur，I，939），被欺骗了（decepta，I，941）——当然，医生的本意不是去伤害，而是为了治疗。蜜汁首先被品尝，稍后即是苦药。因此，卢克莱修的诗歌艺术不会把对事物的真实说明仅仅表现为甜蜜。或许，完全理解真实说明的过程最终是令人愉快的，在这种意义上，人们才能拥有坚实可靠的幸福；但这思想令人苦涩或令人难过的外表仍然存在——没有卢克莱修的小骗局，这个外表会在一开始就赶跑所有的读者。卢克莱修的诗歌令伊壁鸠鲁的思想开始似乎是诱人的，只有当我们深入阅读之后，我们才会真切地意识到它令人难过的特性——到那时，完全可以希望我们已开始从中受益。在解释卢克莱修所讲的东西时，我们必须牢记他表达的一般原则，那就是先甜后苦。在尝试理解他对任何问题所作出的教导时，我们也必须将他的诗看作一个整体，尤其要留意前面所说的东西是怎样被后面的东西所修正的。

表现甜—苦原则（sweet-bitter principle）的许多实例将出现在我们关于第 5 卷以及它与整个作品的关联的讨论中，这里仅仅略微提一下。最明显和最引人注目的例子是《物性论》的开头和结尾的对照。《物性论》以对维纳斯的优美赞颂起篇，以对雅典瘟疫的详细而可怕的描述结尾。这种对照可能令人十分吃惊，但是，就卢克莱修诗歌结构的一般原则而言，又是完全可以理解的，它并没有妨碍一些评论者认为，如果卢克莱修活得更长些的

[①] 参见施特劳斯对这一节的分析，pp. 83-85。

话，可能这部诗会有不同的结尾。① 然而，维吉尔（Vergil）十分熟悉卢克莱修的诗，他有无数模仿和近乎模仿卢克莱修的证据——尤其是《稼穑诗》（*Georgics*）中，他甚至提及卢克莱修的成就，并将之与自己的成就做对比（Ⅱ，490以降）。维吉尔以一种不寻常的方式结束他的《稼穑诗》的第3卷，详细描述了农村的瘟疫。鉴于其作品中其他大量的卢克莱修诗歌的回响，这个不同寻常的结尾表明，维吉尔在此处模仿卢克莱修《物性论》中的瘟疫，他认为卢克莱修《物性论》的结尾是故意的和适当的。对真实的伊壁鸠鲁式的说明和多数人的爱好之间关系的一种考虑，是表现甜—苦原则的更为通常的例子。从一开始，伊壁鸠鲁和他的哲学就被看成是对宗教恐惧的反对，宗教仅仅被认为是令人感到可怕的，它唤起对诸神行为的恐惧和对死后永罚的恐惧。对一个或多或少怀有这些恐惧的人来说，有什么会比一个宣称要把他们从恐惧中解放出来的思想更甜蜜、更迷人？正如卢克莱修在第1卷中进一步重申的，谁不想从"宗教的狭窄桎梏"中被解救出来？稍后人们更会认识到，这个相同的思想也反对人们的许多最强烈的欲望；例如，它也寻求摆脱"维纳斯那强有力的枷锁"，或防止人们受制于它。② 如果一开始就是对爱情和其他欲望的攻击，许多人可能真会被这思想苦涩的外表吓退。

---

① 例如，贝利引用比戈诺内（Bignone）的论证（《拉丁文学史》*Storia della letteratura latina*，佛罗伦萨，1945，Ⅱ，318-322）说，卢克莱修试图加上一节，以诸神的幸福生活作为诗篇的结尾；他还说，"如果在诗篇的结尾处有这样一节，那么，在第1卷的幸福开篇和第6卷的悲惨结尾之间就不会出现那样强烈的对照……一个人至少可以相信这就是诗人的意图"（贝利，Ⅲ，1759）。不必太过吃惊，这些评论者都喜欢蜜汁，而憎恨苦艾。

② Ⅰ，931-932；Ⅳ，6-7："宗教的桎梏"（artis religionum nodis）；Ⅳ，1148："维纳斯强有力的枷锁"（validos Veneris nodos）。

卢克莱修诗歌的魅力和欺骗与对真理的明晰理解截然不同。欺骗可能表现为一个不确定（可疑）的过程，但就我们的处境（犹如那些需要苦药的生病的孩子）而言，它又是可以得到辩护的，甚至是必要的；因此，它作为引领我们获得真知的手段，与真知紧密联系在一起。关于诗可以获得辩护的观点将为我们下面的考察所证实。我们看一看第 1 卷的 146-148 行，它表明该需求不是为了诗，而是为了把握对事物的真实说明。在这几行诗被重复之前，在我们已讨论过的蜜汁—苦艾的段落中，也插入了对诗的辩护。在后来它们再次出现之前，有下列几行诗：

> 正如孩子们发抖而害怕一切在不可见的黑暗中的东西一样，我们在大白天有时也害怕着许多东西，它们其实半点也不比孩子们战栗着以为会在黑暗中发生的东西更为可怕。①

于是，这里我们再一次被拿来与孩子相比较。孩子们在黑暗中充满恐惧，这些恐惧可被白昼的光明之箭驱散；而我们的恐惧不可能被轻易地驱散，我们需要去发现和理解自然（物性）。但准确地说，由于在某个关键的方面我们如同孩子，因此，我们对于真知的说明不是欣然接受，而是退避三舍；我们必须为甜蜜诗歌的欺骗所引导。孩子们惧怕黑暗。我们的恐惧可被真正的理性（ratio）② 所消除，但这真正的理性是一种晦暗的东西（obscura res）；像孩子们一样，我们发现这晦暗的东西并不迷人，而且可怕；而灿烂的、具有欺骗性的诗歌则首先使它易为我们所接受。

---

① Ⅱ, 55-58；Ⅲ, 87-90；Ⅵ, 35-38。比较布瓦扬塞, p.64。
② ［译注］ratio 及其复数形式 rationes 的含义非常丰富，本书中根据上下文分别译作"理性""理论""定律""法则""尺度"和"真理"等，参见以下页 30 注释②。

卢克莱修似乎责备了赫拉克利特格言的晦涩和迷人气质，因为它除了肤浅的愉悦和纯粹的晦涩之外，没有任何有益的目的。相反，他自己的诗却有着明确的、经过合理地周密考虑的功能：通过诗的魅力抓住人的灵魂，然后引导它们，并承认"诗歌形式的招魂功能"（utilité psychagogique de la forme poétique）[1]。如果一个人认真看待卢克莱修关于其诗歌功能的声明，那他就必须承认，除了具有关于物性的真实说明的知识之外，卢克莱修还有着关于人类实际生活中其灵魂状态的深刻知识。从这一点看，他无疑从伊壁鸠鲁那里了解到：最幸福的可能生活是什么；人类错误的恐惧和徒劳的欲望阻止他们过上这样一种生活；由伊壁鸠鲁所揭示的对物性的真实理解是必需的，它使得过上这样一种生活成为可能。然而，除此之外，卢克莱修还理解了某些伊壁鸠鲁似乎没有完全把握的隐晦东西：在基于错误意见的人类的实际生活方式与根据真实说明的人类应有的生活方式之间，存在着巨大的鸿沟。此外，卢克莱修不仅看到了这条鸿沟，这条鸿沟证明了真实的说明对人而言似乎是太悲哀、太可恶；而且他还声称他能搭建一条跨越鸿沟的桥，并带领人们通过桥。因此，他肯定已详尽地理解了人们讨厌真理的原因，以及阻止他们通往真理之路的障碍。[2] 他也必定已知晓人们（他们都不是伊壁鸠鲁式的哲学家）的各种意见和爱好，即对大多数人而言，他们是什么，他们何以产生，他们怎样彼此融洽相处，如何过一种必然的生活方式。这种知识指导着整部诗的结构，使得卢克莱修能够以一种十分迷人的、因而更加有效的方式来讲授那真的理论。那关于人的激情和意见的知识是一种政治知识，因为人的激情和意见与他们在政治

---

[1] 布瓦扬塞，p. 59, n. 1。
[2] 施特劳斯，p. 92。

社会中的生活紧密相联。人的激情和意见为政治社会所影响，反过来它们又成为政治性格和各种政治问题的一个原因。如我们前面所说的，作为一首致非哲学家的诗，《物性论》在某种意义上从头至尾都是政治的。① 从伊壁鸠鲁哲学的观点看，体现在卢克莱修诗中的那种有关人的知识，与真正的思想本身相比，其地位要低一些；但是，或许正是那种知识让卢克莱修将之置于人类的整个处境之下，从而获得一种对真理完全意义的更深刻的理解。

我们一直在谈"人"，表面上这似乎与该诗是献给美姆米乌斯的这个事实相悖。我们这么做是因为，诗人后来改变了他写作该诗的动机：起初他说写作该诗是希望与美姆米乌斯建立友谊，后来又说是出于对名声的渴望。这后一个渴望暗示了卢克莱修欲与更多的潜在读者对话，而非美姆米乌斯一人。但前一个动机并不为后一个所排斥，并且这部诗首先是献给美姆米乌斯的。有相当多的证据和可靠的一致性表明，正被讨论的美姆米乌斯就是西塞罗（Cicero）和卡图路斯②所提到的美姆米乌斯。③ 他出生于一个贵族家庭，有杰出的政治才能；当卢克莱修声称祖国处于危机时刻时，他提到了这些事实："美姆米乌斯家族的杰出后裔，不会疏忽国家的事务。"（I，41-43）美姆米乌斯是公元前58年

---

① 参见第 1 章。
② ［译注］卡图路斯（Catullus，公元前 84—公元前 54）：全名为盖乌斯·瓦列里乌斯·卡图路斯（G. Valerius Catullus），罗马著名的抒情诗人。
③ 布瓦扬塞，pp. 26-32；贝利（Bailey），II，597-599，ad I，26；保利·维索瓦（Pauly-Wissowa），《古典学百科全书》（*Real-Encyclop die der classichen Altertumswissen-schaft*），斯图加特，1931，15，1，cols. 609-615，s. v. (8)，"美姆米乌斯"（C. Memmius）。这是关于美姆米乌斯生平的一篇重要论文，我们下面的论述主要取自它。

的古罗马裁判官以及公元前57年卑斯尼亚①的行省裁判官。在卑斯尼亚期间,年轻的诗人C. 赫尔维乌斯·秦纳②和C. 瓦列里乌斯·卡图路斯都是他的随从,后者曾悲苦地③抱怨他在国外的待遇。由于一些颇有意义的战功,美姆米乌斯获得了统帅的称号。自卑斯尼亚返回后,他开始觊觎执政官的位置。尽管美姆米乌斯家族中还无人获此职位,但他自己的才能、成就和政治关系使得这成为一种现实的可能。在改变立场,并获得恺撒的支持以后,他于公元前54年获取了执政官的位置。他与他的同党卡尔维努斯④花了大量金钱贿赂选举,与在任执政官们做了极度腐败的交易。⑤事情的败露导致了美姆米乌斯的失败。公元前52年庞贝颁布法令溯及既往,美姆米乌斯被流放到雅典。他计划在伊壁鸠鲁故居遗迹处为自己建一座宫殿。西塞罗在其朋友阿提库斯(Atticus)——一位伊壁鸠鲁主义者的劝说下,给美姆米乌斯写了一封信,希望他放弃这一计划,将房子还给雅典伊壁鸠鲁学派的领袖帕特诺(Patro)。西塞罗在信中并没有把美姆

---

① [译注] 卑斯尼亚(Bithynia):小亚细亚西北部地区。

② [译注] 赫尔维乌斯·秦纳(C. Helvius Cinna):罗马诗人,卡图路斯的朋友。

③ "悲苦地"(Bitterly)一词太过强烈,以至于卡图路斯著作的许多版本都将之删除,或拒绝翻译。相关的段落见Poems 10, 28。

④ [译注] 多米提乌斯·卡尔维努斯(Cn. Domitius Calvinus),罗马执政官,在法萨卢斯战役中,指挥恺撒军队的中央部分。参见《内战记》Ⅲ,34。

⑤ 参见西塞罗《致朋友克温图斯》(ad Quintum fratrem) Ⅱ, 15b;Ⅱ, 16,西塞罗《致朋友书信集》,格利纳·威廉斯(W. Glynne Williams)出版和翻译,3卷,伦敦,1929;《致阿提库斯》(ad Atticum) Ⅳ, 17。西塞罗《致阿提库斯书信集》,埃里克·奥托·温斯特德(Eric Otto Winstedt)出版和翻译,3卷,伦敦,1912。

米乌斯也看作一位伊壁鸠鲁主义者。他死亡的情况不太为人知晓,但当西塞罗在其《布鲁图斯》(*Brutus*) 中刻画美姆米乌斯的性格时,他已经死了;西塞罗说:

> 他在文学上颇有成就,但仅限于希腊语,有点轻视拉丁文学;[他是]一位诙谐(或思路清晰)的演说家,辞藻迷人;但由于在论说和思考两方面他都投机取巧,因而,他没有充分表现其才能,而是在懒散中耗费了他的才能。①

一个很好的论证最近已经被给出,它认为对于我们当前的理解而言,注意到该诗是献给美姆米乌斯的这一点,是很重要的;仅仅通过对这一点的考察,我们就能理解该诗的"非凡的戏剧性形式",它是"一种恳求,一种揭露,一种规劝"。卢克莱修试着改变美姆米乌斯的政治野心,让他转向哲学和友谊。由于这必然会导致对美姆米乌斯现有性格和生活方式的责备,因此,这种努力要求诗人既要机智,也要直率。一个很好的例子就是卢克莱修严厉谴责了对死亡的恐惧,而死亡无非是"回到自然自身的怀中"。② 当卢克莱修进行该诗的写作时,美姆米乌斯的意见、激情和生活方式都历历在目。卢克莱修蔑视政治野心的最显著和猛烈之处可部分地从描绘美姆米乌斯的个性和抱负中得到很好的表述。此外,西塞罗指责美姆米乌斯的懒散也可能反映在卢克莱修友好的提醒中,卢克莱修提醒不要懒于寻找虚空存在的证据,这

---

① 《布鲁图斯——论著名演说家》(*Brutus*: *De claris oratoribus*),马尔克瓦提(H. Malcovati)出版(莱比锡,1965),第 70 章,§247。
② 法林顿,《形式和目的》(pp. 21, 31-32),参考Ⅲ, 931-962。在该论文中他同意布瓦扬塞,反对贝利,对于美姆米乌斯本人的身份考虑较少。

也反映在他在第 3 卷的结尾处，在那里他谴责了贪睡和懒惰。①

卢克莱修希望通过他的诗增进与美姆米乌斯的友谊。我们不能就此得出结论说，他们在某种意义上还不是朋友；也不意味着卢克莱修是以一种低声下气的方式或奴性的态度在谄媚美姆米乌斯。但是，如果卢克莱修成功地将美姆米乌斯塑造成一个真正的伊壁鸠鲁主义者，那么，他们普通的友谊就会成为一种更完全、更完美的哲学的友谊。② 说卢克莱修渴望友谊，这可以为他自己的下述言论所证实，他说：

> 我的论说对从未品尝过它的人来说，看来总体上太过苦涩，大众总是厌恶地避开它……（Ⅰ，934-945）

那么，美姆米乌斯是大众中的一员吗？在"大众"一词的任何通常意义上，这肯定是不对的。卢克莱修当然不会期待那些无知的群氓阅读他的作品。但就美姆米乌斯与大多数人具有同样的信念而言，他又的的确确就是他们中的一员，只有向卢克莱修学习，改变其意见，他才成为完全意义上的朋友。

根据伊壁鸠鲁，获得友谊是智慧为幸福生活预备的最重要的东西。③ 友谊本质上确实值得选择，但它始于利益，④ 即满足某些需要。伊壁鸠鲁和卢克莱修两人都明确教导说，一个人对于那些可用金钱购买的东西的真正需求是极易满足的；但一个更加困

---

① Ⅰ，398-417，尤其是"你懒于"（pigraris，410）；Ⅲ，1046-1052。或许我们就能理解，为何卢克莱修在论述睡眠以前，会用那样非同寻常的诗句来提醒人们，因为这与美姆米乌斯那懒散的性格联系在一起。

② 这是布瓦扬塞的结论（p.31）；此乃卢克莱修与美姆米乌斯关系的最令人满意的解释，也是与伊壁鸠鲁关于真正的友谊的教导相一致的。

③ 《格言集》27。

④ 《梵蒂冈箴言集》23。

难的实际需求（此乃伊壁鸠鲁着重讨论的）是寻求他人的保护，友谊就是获取这种保护的一种方式。① 作为一位杰出的政治家，美姆米乌斯似乎是一位值得拥有的朋友。尽管伊壁鸠鲁主义者试图避免政治活动，但他们却"喜欢在上层人士中间寻求皈依者"。② 也许卢克莱修还记得，在他的前一个世纪，由于老卡图③的煽动，哲学家都被驱逐出罗马。

该诗是献给美姆米乌斯的，法林顿通过对其意义的分析得出结论说，该诗"更多的是规劝而不是简单的说教"。④ 这个观点与我们在卢克莱修的诗中研究出的结论是一致的，并支持了我们的结论。因为这部诗是特别地献给美姆米乌斯的，一位政治上强大而富有野心的人，卢克莱修关于人类意见和爱好的知识必然带有强烈的政治色彩，并引导着他对该诗的创作。

---

① 《格言集》6，7，13，14，28，39，40。
② 法林顿，《形式与目的》p. 27。
③ ［译注］老卡图（Cato the elder），即马库斯·波尔奇乌斯·加图（Marcus Porcius Cato，公元前234—公元前149），罗马政治家和伦理学者，曾担任监察官。
④ 法林顿，《形式与目的》p. 30。

第三章　诗的结构以及前四卷的分析

既然我们主要关注卢克莱修的政治哲学，当然我们就应尽可能详尽地分析他在第 5 卷中对于人类起源和发展的描述。但是，正如前一章所表明的，如果我们要深入洞悉他那关于政治社会中人的性格的思想，我们就必须理解他是如何表达其关于物性的整个教导。因此，我们这一章的任务就是讨论全诗的整个组织方式以及前 4 卷中的卢克莱修的思想，尤其要注意他是怎样表述的，以及我们能从他关于人，特别是关于政治问题的理解中学到什么。

《物性论》共 6 卷，明显地分为三个部分，每个部分 2 卷。卷 1、卷 2 陈述原子论物理学的基本原理：原子和虚空的存在、原子的性质，以及它们怎样产生了我们经验到的事物。卷 3 和卷 4 论述灵魂：灵魂的本质和它的非不朽性，它的各种感觉、激情和行为。卷 5 和卷 6 解释我们的世界：它的毁朽性、它的起源、天体的运动、地球上所有生物（包括人类）的形成，以及最终产生的各种无规律的和不寻常的现象（包括气象和地理两方面）。这三重划分也为该诗的外在形式所强调。卷 1、卷 3 和卷 5 结构较为简单，主题和论证都得到充分的发展；卷 2、卷 4 和卷 6 主题变化多端，且大多在细节方面展开得不充分。① 卷 1、卷 3 和卷 5 均以对伊壁鸠鲁的赞颂开篇（虽然在卷 1 中，在这赞颂之前还

---

① 见布瓦扬塞的注释，p. 184。

有着向维纳斯的祈祷和一段对该诗主题的陈述）。卷 2 和卷 4 没有这样的赞颂；卷 6 有，但它是一个特例，其开始之处对伊壁鸠鲁的赞颂与卷 5 的结尾紧密相连。

在最广泛的方式上，《物性论》的结构作为一个有序的关于伊壁鸠鲁思想的论述是可理解的。主题本身就要求某种次序；例如，卷 1 和卷 2 关于基本原理的论述应出现在说明灵魂和世界之前。然而，主题所要求的次序的必要性仅仅能解释该诗实际结构的一小部分，而每一卷的细节之处——序诗、枝节之处和结尾，都不是那么确定地为主题所决定。即使就该诗结构安排的最一般意义来看，也看不到任何直接、明显的必要性将关于灵魂的讨论放在关于世界的讨论之前，而不是之后。将《物性论》与伊壁鸠鲁致希罗多德的一封信（其自然思想的一个梗概）进行比较，可以揭示出它们在结构安排上有相当大的差别：卢克莱修《物性论》卷 3 和卷 4 的主题的安排次序与伊壁鸠鲁的论述正好相反；伊壁鸠鲁以他的教导（真理标准和研究自然的规则）的概述开篇，反之，卢克莱修仅在卷 4 中，对感觉的至高地位作了相应的论述，视之为真理的标准。① 因此，如果我们要理解该诗的结构，我们就不能仅仅满足于对该诗论述次序的了解。

该诗一开始，即在第 1 卷的序诗中，卢克莱修就指出，他关于物性的诗是反宗教的。天宇和诸神的最高定律（ratio）、② 万物的始基（自然用它们创造了万物，万物毁坏以后自然又将之分

---

① Ⅳ，469-521；该理论在Ⅰ，422-425 中也略微提及。

② Ratio（复数为 rationes）是卢克莱修频繁使用的一个词，有着极为广泛的意义。贝利在一个很有价值的注释中（Ⅱ，605-606）将其意义区分为 5 种：(1) 理性、思想；(2) 体系、哲学、理性原则，以及专指伊壁鸠鲁主义的教导；(3) 说明、理论；(4) 自然的运转；(5) 就宽泛的意义而言，指方式、方法。

解，使之回归于它们），此乃卢克莱修所论述的第一个主题。随后，卢克莱修马上描述了受宗教压迫和恐吓的人类生活的图景，而一位希腊人（即伊壁鸠鲁）敢于第一个起来反对宗教。尽管诸神声名显赫，天空中发出令人惊魂的电闪雷鸣，但卢克莱修仍致力于探索整个宇宙，远远超越了这个世界熊熊燃烧的围墙（即我们这可见世界的天宇）；他凯旋并带给我们知识：什么是可能的、什么是不可能的，以及每样东西的力量都有一定的限制，都有永久不易的界碑（Ⅰ，62-77）。"因此，宗教现在就被打倒，胜利把我们凌霄举起。"（Ⅰ，78-79）关于物性的思想就这样被卢克莱修表述出来，带着对宗教所说的诸神以及他们在这世界上的所作所为的公然敌视，而人们相信这些言论得到拥护，是因为我们恐惧那凌驾于其上的天宇。卢克莱修担心美姆米乌斯可能会认为这样一种思想是亵渎和罪恶的；他对此的辩驳不是通过论证，而是声称宗教自身就经常产生罪恶和亵渎的事情。

  他举了一个例子：伊菲革涅亚①被她的父亲和希腊的其他首领带到奥里斯祭神，这段令人动容、详尽的描述唤起了恐怖和悲哀（Ⅰ，80-101）。接着卢克莱修预言美姆米乌斯某一天会因为巫觋关于人死后受到永罚的那些吓人鬼话所迫，而力求离开他。由于对灵魂本质的无知，人无法抵挡那样的威胁。这个考虑使得卢克莱修对这部诗的主题作了另一种陈述：必须研究天上的各种现象，包含太阳、月亮以及地球上所发生的事情；然而，最重要是研究灵魂和精神，看它们是如何让生病和睡眠中的我们看见死人的（Ⅰ，102-135）。

  因此，卢克莱修在第一首序诗中明确表示，在宗教信仰和对

---

  ① ［译注］伊菲革涅亚（Iphigeneia），也译为伊菲贞尼亚，希腊神话中阿伽门农的女儿。欧里庇得斯著有关于她的肃剧。

自然的探询这两者之间，存在着一种根本对立的关系。由于宗教的敬畏力量支配着人的心灵，这种对立状况对于卢克莱修所要处理的主题（还包含以什么样的方式和以什么样的次序来处理该主题）来说就是一个关键因素。如果一个人要研究自然，必然会产生对宗教的某种敌视；并且，为了研究自然，首先要做的就是反抗宗教，把人从宗教的恐惧中解救出来。这些恐惧有两类。首先是对我们世界中的诸神力量的恐惧，这来源于关于诸神的传说以及归于他们的那些吓人的现象，如打雷和闪电。卷1和卷2给出了一般的自然原理，这些原理与将那些现象看作与神圣的观点相对立；卷5和卷6以更详尽的方式完善了这种对立意见。另外一种宗教的恐惧关乎我们死后的命运，首先是永恒惩罚的可能性。在第一首序诗中，卢克莱修似乎认为这种恐惧比前一种恐惧更大：这是可能导致美姆米乌斯远离他的那种恐惧，这种恐惧能毁灭生活的法则（rationes），它不能被那些对灵魂本质无知的人所抵制。这种恐惧将被卷3和卷4中的教导（此乃该诗的核心内容）所征服。[1]

引导诗的结构的第3个原则是我们在前一章中关于诗的角色的讨论：卢克莱修使伊壁鸠鲁那本身似乎是悲哀或苦涩的思想显得甜蜜而迷人，至少看第一眼是如此。他表述的次序和方式不是论文式的，不是所期待的那种按照符合逻辑必然的方式进行论述。卢克莱修清楚非哲学行当的人看世界的方式：他的意见、关切、兴趣、渴望和恐惧。卢克莱修不是把这样一个人置于那乏味、甚至令人反感的赤裸裸的伊壁鸠鲁的理论面前，而是试着通

---

[1] 施特劳斯，p.104：“此乃中心之焦点。”布瓦扬塞（p.171）提及卷3的第三部分（驳对死亡的恐惧），他说：“此乃全诗的中心，它似乎让我们洞察到作者的内心。”

过使那思想变得对这个人有吸引力，立足于他现在的状况，引导他从现在的状况步入对真正思想的理解。正如一个人所期许的，卷 1 的序诗就是这个步骤的一个极好的例子。卢克莱修没有如伊壁鸠鲁在《书信：致美诺俄库》中那样，一开始就声称，一个人要想获得灵魂的健康，他就必须从事哲学；一个类似的表达仅仅在经过充分的准备以后，即在卷 3 的临近结尾处出现过（III, 1070-1072）。既然他把该诗献给罗马人，他就以对一位罗马女神——维纳斯的祈祷开篇，维纳斯与罗马的联系在诗的开头几句中受到强调，他称维纳斯为"埃涅伊德及其子孙们的母亲"（Aeneadum genetrix）①。维纳斯被称为统辖万物本性的神，作者用优美的诗文描述了沐浴于爱中的万物：春天来临，花儿盛开，气候宜人，大地满目青翠，万物都因爱而不断被孕育、繁衍。一个人根本不需要刻意研究哲学，也不需成为一个罗马人，就能感受到那里的诗情画意。卢克莱修以为罗马人祈求和平来结束对维纳斯的祈祷：在祖国多难的时日，他不能从事他的工作，美姆米乌斯也不会疏忽国家的事务。于是，向维纳斯祈祷的开头和结尾部分唤起了读者对他的祖国的向往，中间部分则唤起了人们看到自然的可爱而感受到的愉悦。然后，在陈述他的主题——万物的始基以后，卢克莱修突然转向了我们已讨论过的关于宗教恐惧的段落。下面的思考和问题有助于理解这突如其来的过渡：

> 卢克莱修时代的罗马可能已对科学有一定的兴趣，但那兴趣是相对有限的。战争、政治、财富和宗教都更能令人消

---

① ［译注］埃涅伊德（Aenead），特洛伊战争中的英雄，罗马的建立者。维吉尔曾著有长篇叙事诗《埃涅伊德》。

磨时光……为什么偏偏要留意一位原子论者?[1]

万物的始基不可能有维纳斯的魅力,卢克莱修在祈祷、令人狂热的罗马政治或征服活动中描述自然的美好。因此,他要在关于万物始基的知识为宗教所毁坏以前,揭示人类的生活;他生动地阐述了宗教的恐惧和可怕(并仅仅阐述宗教那令人恐惧的一面)。于是,那畏惧诸神和死亡的读者就会满怀摆脱恐惧的美好希望,从而想去了解卢克莱修的教导。

在初步的考察中我们发现,这三条原则同时决定着《物性论》的结构:对理论有序处理的必然要求、反抗宗教的需要和目的,以及卢克莱修关于甜—苦的诗性原则。由于上述原则中的第3条原则是卢克莱修所独有的,对它的密切关注特别有助于让我们看清卢克莱修的专门用意和想法。

在卷1中,卢克莱修引导读者从对罗马市民的考察转向那无垠的宇宙,从春天那宜人的自然景观转向那不可见的万物的始基。第一步就是声称和证明:"没有东西曾因神而从无中生。"(Ⅰ,150,换句话说,诸神从来不会无中生有。)六个论证被给出,至少让我们有理由相信,不管有无神助,在任何情况下都不能无中生有。然而,卢克莱修用这个最初的论断是为了强调该论题与神力相反,[2] 提醒我们该诗的宗旨在于反抗宗教;他还在后面的许多场合,通过序诗、枝节之处,有时仅仅就用一两个词来

---

[1] 哈德瑞茨(George D. Hadzsits),《卢克莱修及其影响》(Lucretius and His Influence),纽约,1935,p. 72。

[2] Ⅰ,155:"神灵"(divinitus);154:"因神意"(divino numine);158:"未借神助"(opera sine divum)。贝利(Ⅱ,625)指出,卢克莱修似乎显示出比伊壁鸠鲁更激烈的反神学目的;而伊壁鸠鲁反神学,仅仅将之看作自然哲学的基础,并没有将之与反宗教直接相联系。

强调这一点。即使在没有这样明确的提示时,我们也应注意到在他的自然(物理)思想中隐含着反对宗教和了解诸神本性的问题。该原则的另一面就是无物能归于无。在论证该原则时,卢克莱修必然要论及毁灭,一个通常导向悲哀或苦涩的话题。卢克莱修以两种方式把他的论述变得甜蜜一些。① 首先,当他证明无物能从无中生时,他详述自然中那些确定的、必然的、可预知的,以及具有渐进特性的最常见的东西;他避免提到那些突兀的、无规律和新奇的自然事变(这在很后面,即在卷5,特别是卷6中有所讨论)。其次,他避免描写生类的毁灭,而是描绘它们持续不断再生的欢乐图景,在那里,只有事物的分解,而没有彻底的毁灭消失。因此,第四个,也是最后一个论证是这样开始的:

> 以太父亲投到大地母亲怀里的雨点消失了,但是这之后金黄的谷穗就长出来,绿枝就摇曳在树林间,而树木自己也长大起来,挂满了累累的果实;这样,人类和动物就得到了食品,这样,快乐的城市就充满了少女少男,而茂密的林地就回响着新的鸟声。(I,250-256)

他还不想去描述,更少去强调自然的毁灭和那令人悲伤的一面。

由于我们不能直接看到那事物产生于它又复归于它的不朽实体,因而这些始基就必然是不可见的,或"黑暗的"。这个思想最初看起来不为我们熟悉,可能还令人惶惑;卢克莱修说,他意识到了读者接着可能会开始不相信他所说的。他基于非常普通的经验和观察来证明,自然确实是来自那不可见的实体,从而避免

---

① 见施特劳斯的注释,p.87。

了这个危险（I，265-328）。

下一个原则是在事物里面存在着虚空。卢克莱修为了强调这一点的重要性，他说"了解这一点对你在许多事情上有所裨益，它会使你免于疑惑不止，永远究问一切而不相信我们的话"（I，331-333）。他没有以某种特定的方式详细说明关于虚空存在的知识是有用的。论述虚空存在后不久，在一段关于原子永不毁朽的论述中，他说：

> 任何东西如果不包含虚空，似乎就不能被粉碎破坏或被切成两块，也不会吸入那袭人的寒冷或刺痛的火焰，因为它们，万物被破坏；但是，一件东西里面虚空越多，就越会在它们的袭击之下完全动摇。（I，532-537）

除了原子，其他万物都包含虚空，因而它们都可被分解和破坏。这个思想是由虚空的存在和特性所得出的结论，它似乎构成了虚空存于事物中的那令人悲哀的效用：卢克莱修并没有陈述这结论，因为该结论的可悲之处要比其功效更明显。[①] 卢克莱修给出了四个论证中的三个来支持虚空存在的理论——原子物理学的一条根本原理，而这是其他学派所反对的。他告诉美姆米乌斯，他能给出更多的论证，但他鼓励美姆米乌斯设法自己找出其他的论证；在这一点上卢克莱修似乎认为美姆米乌斯应该自己探索真理，与他应由卢克莱修来教授真理，二者几乎同样迫切。如果美姆米乌斯懒于追求，卢克莱修允诺他将"倾泻"出无尽的论证（I，398-417）。然而，当需要论证灵魂的必死性时，卢克莱

[①] 类似地，卢克莱修明确指出其效用的下一个理论是，灵魂由小的、光滑的、圆的粒子构成；此乃相信灵魂是要死的原因之一，并且，它自身就是一个充足的原因。没有身体的保护，灵魂就会解散。（III，206-207，425-444）

修就"倾泻"了 29 个论证。① 这两个例子的比较确证了我们先前所说,即如果这部诗是一篇论文,我们将无法理解它的整个组织结构:如果卢克莱修采用系统化说明的逻辑方式来详细阐述和论证他的理论的话,那他就会更多地关注虚空的存在这一最根本的原则,而不是证明灵魂的必死性。但卢克莱修首要关注的是人的信仰和激情,因为它们阻碍了人接受关于自然(物性)的真理(包括他们自己的本性)以及按照那些真理来生活。克服通往真理的人的这些局限,此乃他创作该诗的决定性的目的,这远比尽可能完满地证明伊壁鸠鲁物理学的一个最根本的原理更重要。

万物都由原子和虚空构成,没有"第三种自然"(third nature);其他的一切要么是这两种东西的本质属性(property),要么是它们的偶性(accident)。所谓本质属性,就是指那只要事物不解体就不能与事物分离的性质;卢克莱修举了一些例子,如重量之于石头,热之于火,流动性之于水,可触性之于有形的东西,不可触性之于虚空。而所谓偶性,指那时来时去,而物性却保持不变的性质,对此卢克莱修提到了奴役、贫穷、富裕、自由、战争,以及和谐等等。根据关于物性的知识,原子和虚空是首要的和最根本的;本质属性是其次的,关于本质属性,卢克莱修给出的例子中没有一例与人,甚至是与动物相关;而偶性是最后被给出的,并且关于它的例子与人相关。这些例子表明,大多数人最为关心的是偶性,它们对人具有首要的重要性,但对关于物性的研究而言,它们不是首要的。

通过这些例子,卢克莱修使我们看到了在日常的人类图景与自然科学的图景之间存在着巨大的鸿沟。伟大的事件也都是人、大地和世界的偶性。布瓦扬塞很好地刻画了卢克莱修的那些例

---

① Ⅲ,417-829;论证方式的数量来自贝利的划分(Ⅱ,1064)。

子，认为卢克莱修关于特洛伊战争的描述"是凄凉而壮丽的，而这来自，将最让我们感到怜悯同情的事件还原为物质和虚空的偶然形式"。①

在卷 1 的下一节中，卢克莱修证明了万物的始基——原子的存在，并描述了它的特性：不与虚空混合的微小粒子，它是不朽的、永恒的；没有它，所有的东西老早就已归于虚无。而我们通常经验到的东西在它里面都混有虚空，都是可渗透的，因而也是可毁朽的；如果可毁朽的事物能够形成，就必然存在不可毁朽的始基。在第 6 个论证中，② 卢克莱修论证说，柔软的东西的成因可以解释为在它们的结构中混有大量的虚空；但是，如果始基本身是柔软的，就无法解释坚硬的东西的存在。在随后的一节里，卢克莱修反驳了赫拉克利特、恩培多克勒（Empodocles）和阿那克萨哥拉（Anaxagoras）的观点，最重要的论证是相似的：他们全都错误地认为始基是柔软、无力的，如我们所经验到的万物那样易于毁朽。例如，恩培多克勒教导说，始基是地（土）、水、气和火；我们的经验在某种方式上支持这个观点：卢克莱修对他自己的思想给出了一种反驳，为了支持恩培多克勒的观点，他模仿读者的口吻说，一切的东西只要在雨水和太阳热量的帮助下，都能破土而出，在空气中成长。卢克莱修承认该论证中的事实，并补充说，我们还需要水和干的食物，没有它们，我们的形体和生命都会耗损而至死亡；同样，别的东西也都为适宜它们的别的东西所滋养（I，803 - 813）。但是，我们所经验到的需求并没有向我们揭示出万物的始基，我们所需要的东西本身就是可毁朽的；反之，它们以及其他一切东西赖以形成的始基却必然是不可

---

① 布瓦扬塞，p. 97。
② 根据贝利的划分（II，684）。

毁朽的，以至于它为万物的形成提供了一个永恒的基石。我们的经验能使我们逐渐认识到永不毁朽的始基的必要性，然而，在我们的经验对象和有着隐秘、黑暗本性（I，779）的始基之间，存在着一条巨大的鸿沟。

尽管他们犯了这些错误，卢克莱修还是对恩培多克勒和其他人给予了高度的赞赏。西西里岛似乎从未有过比恩培多克勒更神圣的人；他神圣的心中（divine breast）吟唱出诗句，诉说着那非凡的发现。他和其他那些人发现了许多美好而神圣的东西，并以一种比皮提亚女巫①更神圣和更具说服力的方式说出它们（I，729-739）。他们得到如此高度的颂扬，是因为当"所有的凡人"（all mortals）都认为他们所不知的事物的原因来源于神的力量时（I，151-154），他们却在寻觅万物的自然原因，并且他们的伟大发现反对那种认为神灵在干预世界的信仰。

6卷《物性论》的每一卷的最后一节都在某种程度上不同寻常。我们在第二章中曾讨论过这一卷中有关卢克莱修自己的成就的段落，在这些段落之后，卢克莱修从不可见的微小始基转向作为整体的宇宙，并证明了它是无限的。作为整体的宇宙无限地向各个方向延伸，没有任何东西能限制住它。在无限中宇宙必然包含着物质的无限数量，这对于事物的创造和保存都是必要的。始基不是因某种计划或安排而聚合在一起，而是在尝试各种运动和碰撞之后，碰巧达成一种排列方式，通过这种排列方式，万物的总和，即我们的世界得到创造和维持。万物，包括我们的世界都在持续地失去物质，在一个无限的宇宙中，只要始基供应是无限的，这些损失就可视为一件好事；通过与事物的碰撞，始基能补

---

① ［译注］皮提亚女巫（Pythian priestess）：也译为比提亚女巫，即德尔菲神庙的女巫。

充它们失去了的东西。没有无限的始基,

> 海洋、陆地、光亮的天宇、众生的族类,以及诸神那神圣的躯体,都不能片刻保持自己的存在。(Ⅰ,1014-1016)

卢克莱修提醒美姆米乌斯不要相信一些人的相反观点,他们认为世界之所以能保持存在,是因为所有的事物都努力倾向中心;事实上,在一个无限的宇宙中,根本不存在所谓的中心,即使存在,也没有理由说始基会止息在那里。此外,这些人认为,与土质的和水质的物体趋向中心相反,气质的和火热的物体则向上蒸腾;如果这是真的,世界的墙垒会分崩离析,消散于辽阔的虚空中,天穹在上爆裂散开,大地也会在我们脚下突然下陷,没有东西能留下,除了

> 那荒凉的空间和不可见的始基。你断言哪一方最先没有始基,哪一方就将是事物的死亡之门,整个物质会全部冲过这个门而消散。(Ⅰ,1110-1113)

在卷 1 中,卢克莱修阐述了原子论的最基本的理论,并让我们看到它们(即原子)与我们的日常经验和普通看法相距有多么遥远。始基与我们生活序列中的任何事物都毫不相同,因为这真理所揭示的整体不是我们的可见世界,而是无边无涯的宇宙。如果为我们所知的事物要被创造和保存,那么,这些令人害怕的非凡思想就必然是真的;这些理论所阐明的事实乃是万物获得安全所需的理由。早期的物理学家,虽然因以一种比皮提亚女巫更神圣和更具说服力的方式进行论说而受到赞扬,但一般认为,他们得出了万物的始基要毁灭或传播毁灭的结论。如果卢克莱修在该卷的结尾处所反对的理论是正确的,那么,世界将会破碎、分裂

成各种事物和天体的混合残迹（I，740，1107）。当卢克莱修后来宣称自己要以一种比皮提亚女巫更神圣和更具说服力的方式说出真相的时候（I，111-1121），他已断言并将证明我们的世界的确要毁坏。原子论解释和表述万物都要毁坏，其必然性就如万物都会被创造和保存一段时间一样。在卷1中卢克莱修绝没有否认这一点，但他也没有论述和强调它，而是讲无限始基的创造和保护行为。

卷2为我们提供了更为详细的关于原子的思想，解释了事物怎样由原子构成，以及各种原子和它们所构成的各种事物之间的关系。作为一个有着广泛用处的普泛论断，毫不令人吃惊的是，我们发现，卷2所略微涉及的这个主题将在后面的几卷中得到详细讨论。① 在卷1结尾处，卢克莱修暗示诸神的躯体如同其他事物一样，也由原子构成，他们的绵延存在也有赖于原子持续的补充；② 由此可以看出，卢克莱修对于万物所给予的普泛论断也同样适用于诸神。如果我们想要忽略诸神的问题，那么，三个反神学的段落③ 以及卷2中关于诸神的其他零星的说明都将反驳我们。这一卷的另一个功能是开始完成或修正卷1中所表述的自然图景，我们在前面已给出了部分论述。

如同卷1一样，卢克莱修在这一卷的序诗中也以令人愉悦的事物开场。从陆上观看大海中一艘处于危境的船是一件乐事；观看对自己毫无危险的战争也是令人愉快的；"但没有什么更胜

---

① 例如：视觉的触知性（II，810-816）在卷4中被详细说明；灵魂主动进行撞击的观点（II，944-962）在卷3中几次被提及；我们世界要毁坏的观点（II，1084-1089）在卷5中被证明。
② 参见前面的论证。
③ II，167-183，598-660，1090-1104.

于守住宁静的高原，自身为圣贤的教诲所武装"，从那里你能瞭望下面别的人们，看他们四处漂泊，全都迷途；当他们各自寻求着生的道路的时候，他们彼此较量才能，争取名位，夜以继日地用最大的力气卖命苦干，以便得享荣华以及"支配世事"。①

这幅图景既具有吸引人的地方，又有让人厌恶的地方：一方面，它承诺通过卢克莱修的教诲，可以获得一种无法比拟的愉悦；另一方面，它却与大多数出身显要、充满野心的人所追求的目标相对立，它不是迎合而是开始反对他们的各种欲望和实践。对于一个在生活的奋斗中感到痛苦和劳累的人，从中获得自由的可能性是相当吸引人的。因此，对该段中所表现出来的对他人的态度实际上似乎并不那么冷酷，卢克莱修在第3行和第4行中宣称，我们并非乐于看见别人遭受苦难，而是庆幸自己免于遭受灾害。这个态度可能不冷酷，但它仍显自私，而缺乏人道精神。它也敞现出理解卢克莱修意图的一个困境：如果看到别人的痛苦是甜蜜的，那么什么东西能引导一个人去解救他们？然而，卢克莱修的诗却正是要通过以一种可为人接受的方式去阐明真理，从而试着引导人类过上一种较为幸福的生活。既然他似乎并不担心一个人会丧失其幸免于难的快乐，我们就可以推断：尽管他以甜蜜的诗句在言说，但是，他同样认为多数人不会理解和接受他的真正思想，并根据它去生活。无论如何，竞争和劳累的图景足以令卢克莱修面对人类生活的悲惨和黑暗大声疾呼——即使我们在卷

---

① 支配世事（Rerum potiri），正如贝利所指出的（Ⅱ，798），即是获得政治的统治权（Ⅱ，1-13）。鉴于在卷1的序诗中，卢克莱修强调了伊壁鸠鲁的成就（尽管他在那儿并没有提及他），在这里，他几次提及这位圣贤的教导。

1 的序诗中讨论过的宗教的恐惧在这里还没被提到。通过对人的眼前的目的和自然（本性）的朴素要求的对比，人的盲目和愚蠢被揭示出来；自然（本性）仅仅要求肉体没有痛苦，灵魂没有纷扰。几件不多的东西就足以让我们有形的身体摆脱痛苦而获得快乐。对于一间房子而言，华贵的陈设和装饰并不是那么必要，为了摆脱它们对人的吸引，卢克莱修描绘了晴朗的天空下的田园风光，其吸引力丝毫不逊色于卷 1 序诗中开场所描绘的图景，尽管较多宁静，少了些喧嚣。财富、名位和统治的光荣无益于我们的身心；即使具有统帅那样驰骋疆场、运筹帷幄的才情也不能驱散宗教（religiones）、死亡的恐惧，以及操心忧虑。人的恐惧和忧虑无畏地往来于帝王人主之间，丝毫不顾他们的财富和名望。唯有理性才是驱散它们的力量，理性决定着心灵的平静，因而它在人们所寻求的一切耀眼事物之上。①

与卷 1 的序诗相比，在卷 2 的序诗中，卢克莱修更多地揭示了人类的活动和他的思想的隐意。在卷 1 那里，只有从对诸神和永恒惩罚的恐惧中解放出来（一件表面上确切无疑的幸事）才是受到鼓励的；而在这儿，我们却看到，圣贤的境界还包含着摒弃大多数人所热衷和为之奋斗的东西：财富、奢华、军事指挥和政治统治的荣耀。卢克莱修所提出的新的生活方式被感人肺腑的诗句描绘成不可超越的福佑。但是，一个人要想获得这样的福佑，他就必须克服当前支配人生的各种强有力的欲望，这些欲望在那些有钱有势而又满怀政治野心的人那里，或许是最强的。于是，我们会发现，由于该序诗，卢克莱修的理论怎样必然地激起了多数人含糊不清的反应。它唤起了所有

---

① Ⅱ，14-54；序诗结尾处（55-61）关于我们的恐惧与孩子的恐惧的比较，在第二章的结尾处已讨论过了。

人心中渴望和平宁静的愿望;但是,这种思想也因而必须抵制许多其他的愿望,那些愿望可引导我们获致别的目标,而这些目标是我们最愿意为之付出的。① 卢克莱修可以以一种直接的有感染力的方式根据自然来描述幸福,然而,愿望和关切的重新定位却必然是激烈而痛苦的。

论述原子运动的第 1 节开始就宣称万物都随着岁月的流逝而变小、衰败,最终消失,但是总量看来却永远一样,毫无损失。在减少的事物和增加的事物之间存在一种持续的交换:

> 就这样,总量永远得到补充,我们凡人就借着永恒的互相取予而活着。有些民族强大了,有些衰落了;在短短的时间内许多世代过去了,像赛跑者一样把生命的火炬递给别人。(II,75-79)

面对万物不断变迁这令人悲伤而不定的事实(并且人类的生命非常短暂),有一个可靠的慰藉,那就是一切都在一个永恒的场景中发生。因为卢克莱修在这一节中仅仅提及我们世界中所能看到的事物,于是人们就会猜想,那永远得到补充而毫无损失的"事物的总量"(sum of things)就是我们的世界;我们随后就会知道这个猜想是错误的。这里存在着一种带有欺骗性的含混,因为"事物的总量"(summa rerum)既能指"事物的总数"(this sum of things),即我们的世界;也可以指"事物的总体"(the

---

① 比较帕斯卡关于两种本能(暗示着幸福的类型)的分析:"人有一种秘密的本能,它驱使他们去追求消遣和身外的活动……他们还有另外一种本能,它使他们认识到,幸福实际上只在于安宁,而不在于乱哄哄。"《思想录》,No. 139, Brunschvieg。

whole sum of things），那是无限的宇宙。① 始基不可能在静止时还创造万物和产生新的运动，它们是在持续不断的运动中创造万物和产生运动的，而它们之所以运动是因为自身的重量和外面另一个始基的撞击，无论它们是在复合的事物中还是处于虚空中的自由状态中。当它们在虚空中运动时，它们的速度比光还快（II，80-166）。在这一节靠近中间的地方，卢克莱修表达了那些不认识物质的人的相反观点：

> 他们认为如果没有神灵的干预，自然就不能这么符合人类的需要，使一年之中有四季的变化；不能产生谷物及其他一切，那神圣的欢乐、生命的引导者引诱人去接近的那些东西。她给人们做带路的向导，目的在于通过她的爱的狡谲勾引，叫人类永远繁殖出新的世代以免灭种。（II，167-174）

然而，当人们设想诸神为人类创造了万物的时候，他们在一切方面都已远远违背了真理。卢克莱修宣称，即使他从未认识万物的始基是什么，他也敢断言"自然绝不是神力为我们而创造的，它充满着如此多的缺点"②（II，177-181）。这里遭到摒弃的错误观点与全诗开始处对维纳斯的描绘有着惊人的类似，在那里维纳斯被看作迷人而仁慈的自然的统治者。到现在，卢克莱修已带领我们远离了第一个观点；让人类得以保存和繁殖的

---

① II，67-79；贝利（II，810-811）在解释II，71-77时，注意到了这一段的困难。但他没有看清这种含混性的原因，而在卢克莱修看来，这种含混性正适宜于表达其令人悲哀的真理。在他关于I，235的注释中（p.640），给出了关于"总量"一词整个含义的有益说明。

② 在II，182-183中，卢克莱修答应在后面会向美姆米乌斯将该问题解释清楚（他在V，195-234中这样做了，在那里，他详细论述了世界对于人生的种种缺陷，这些缺陷都是令人不快的事实）。

东西根本不受维纳斯或其他神灵的统治。这一节最重要的作用在于它第一次清楚地向我们指出,卢克莱修对宗教的攻击除了让人获得摆脱恐惧的快乐以外,还存在着令人难过的一面。因为信仰神意的人可以认为,正是出于人的需要,世界在进行神圣的变化调整;然而,可悲的是这世界有太多的缺陷,以至于难以那样被理解。

论原子动因的那一节接着还讲述了,每个事物自身都向下运动;仅仅当事物被其他东西所迫使时,我们才看见它们向上运动。① 在虚空中,所有的原子都以相同的速度垂直下落,由于没有碰撞,因而也没有事物的创造;因此,假定原子运动轨迹的稍稍偏斜是必要的。这个设定对于自由意志而言也是必需的,正是通过自由意志,我们和其他动物才不是出于被迫而是自愿地向着快乐所招引的地方迈进。② 这一节以两个附录结尾。第一个附录回顾了这一节导言的内容:物质的供应,原子的动因,被创造的事物总体上会保持原样,没有什么外力能改变事物的总量;第二个附录解释说,尽管始基在持续运动,但事物的总量却似乎始终保持不变。③

这本书复杂的第二部分的主题是"原子的各种形式以及它们结合的结果,尤其是对感觉的影响"。④ 在第一部分中,卢克莱修

---

① II,184-215;卢克莱修没有讨论在一个无限的宇宙中怎么可能有上下运动,而伊壁鸠鲁在《致希罗多德的信》中曾极其晦涩地处理过这个问题(§60)。

② II,216-293;布瓦扬塞(p.117)强调说,自由意志并不仅仅属于人;卢克莱修就曾举例说,在比赛起始时,马就显示出了自由意志。

③ II,294-307;308-332。

④ 贝利将这一节分为三个部分(333-477,478-580,581-729),我们采纳他的意见。

宣称始基有多种多样的形式，证据是：即使是同类的事物，个体间彼此也不同，这必然是由构成它们的原子的差别引起的。原子形式的这些差别也是我们不同感觉的原因：卢克莱修经常举的例子就是，质地光滑的东西让我们的感官感到舒适，而质地粗糙的东西让我们的感官感到痛苦。由于他会在卷5中对此给予详细的讨论，在这里，他只是解释说，感觉总是来源于某种接触；因此，触觉在某种意义上是最根本的感觉，所以他用最不寻常的感慨强调说："借神灵的圣威！触觉的确是身体唯一的感觉。"①

第二部分教导我们，原子形式的数量是有限的，否则（与经验相矛盾）就会有体积巨大的原子，以及让愉快和不愉快的东西都会出现一个无限的系列的后果；然而，每一种形式的原子，其数目却是无限的，因为如果原子的数目有限，那么它们就可能被分散在无限的空间中而永不相遇，以至于无法形成任何事物。对于这种理论，卢克莱修还给出了一个附录，宣称无论是毁灭的运动还是创造的运动，任何一方都不可能永远取胜，相反，存在着一场亘古的势均力敌的战争。卢克莱修曾举例说，在死亡的挽歌中总是混杂着新生婴儿的哭声；然而，这个例子可能让人误以为这个宣称对我们的世界是真实的，事实上，它仅仅对无限的宇宙才是真实的。②

在第三部分，卢克莱修告诉我们，在我们所经验到的东西中，没有一样东西仅仅由单一的一种原子构成。事物拥有的能量

---

① Ⅱ，434-435；这个感慨似乎也是对诸神困境的一个美丽的讽刺性的暗示。卢克莱修在这里祈求诸神保证那作为身体感觉的触觉，然而，根据伊壁鸠鲁的教导（主要在卷4中出现），正是各种感觉保证了诸神的存在和地位。

② Ⅱ，568-580；参较Ⅱ，67-79，以及我们在前面的讨论。

越多，它就越拥有更多种类的原子。能满足不同动物各种营养需求的食物必然包含了很多种类的原子；一个事物的不同部分和它带给我们的不同感觉都是由它里面的不同种类的原子引起的；然而，并不是所有粒子都能以任何方式结合在一起：各种各样的怪物和异事并不存在，存在着关于原子如何结合的法则，这些法则支配着万物（动物、大地、海洋和天空）。

在这一节里，① 对诸神和宗教有着广泛的论述，这使我们想知道诸神是由什么样的原子构成的；尤其是，既然我们被告之不是所有事物都是可能的，那么这里就产生了一个问题：一个永恒的或不朽的复合物是否可能。鉴于诸神必须有感觉这一事实，② 以及卢克莱修在下一节所说的，"一切感觉都与肌肉、筋腱和血管分不开，而我们看到这些东西都是本性柔软而不免于死的"（Ⅱ，904-906），这样一种可能性就尤其难以理解。

有关宗教的两段论述也使我们意识到，抨击宗教是一件比起初看起来更复杂、更充满问题的事情。在第一段中（Ⅱ，352-366），为了说明同类中个体间的差异，卢克莱修告诉我们，一只小犊在神庙前被献祭，它的母亲悲鸣着四处寻找它；繁茂的青草和潺潺的流水都不能吸引她的心怀，而别的小犊的形象也不能转移她的注意力，使她的痛苦减轻半点，"她是如此焦虑地找寻着她所熟知的和属于她的东西"（Ⅱ，366）。这一段让我们想起在第一个序诗中宗教所导致的邪恶的一个例子：阿伽门农献祭他的女儿伊菲革涅亚。眼前这一段表明父母对子女的爱是所有动物自然而然的本性，这就暗示了阿伽门农的行为和导致这一事件的宗教

---

① Ⅱ，352-354，417，434，437，472，505，598-660.

② 在Ⅱ，647（Ⅰ，45）和Ⅱ，652（Ⅴ，122-125，以及其他地方）中用了"享受"（fruatur）这个词。

看起来更加非自然和令人恐怖；然而，这一段也提醒我们，通常的宗教实践不是可怕的人祭，而是献祭动物。在这首诗中，宗教一开始就以压迫人类生活的可憎面目出现，似乎抨击宗教将把我们从所有的烦恼和恐惧中解放出来，让我们获得与天齐的幸福。现在的这一段则暗示，应该降低期望：一只没有为虚伪宗教所迫害的母牛，也会因痛失其小犊而陷入悲痛和忧心中，尽管周围环境还是那么宜人，食物、饮水也都很充足，而这些都是卢克莱修在这一卷的序诗中讨论过的，认为它们足以满足简单的自然需求。亲情对于人和牛都一样，亲人的死亡都会引起痛楚，消灭宗教的恐怖并不能驱走所有的悲痛和忧心。但是，这并不否认宗教向人类施加了新的恐惧。我们宁可宣称，忧心、悲痛和恐惧的根由存在于所有的动物之中（因而它们不能通过消除错误的、宗教的或别的什么意见而得到根除）；我们也宁愿认为，宗教正是从这些隐秘的根由中产生出来，然后又赋予它们一种新的形式。和其他动物一样，对亲人的爱深深地根植于人的心中。就人而言，这种爱（及其相关的忧心和恐惧）通过家庭、宗教和政治而得到复杂的发展和精心的培育。这些事物的内在联系在卷2的这一节的第二段得到说明，在那里讨论了宗教，"跑题"地讨论了对大地母亲的崇拜。

卢克莱修争辩说，一件事物拥有大量的能力是因为它拥有大量的始基，他把大地当作一个最好的例子。除了拥有水、火的原初种子之外，大地还拥有许多东西的种子，通过这些种子，大地能够为人类出产嘉禾和可喜的树木，为野兽提供丰盛的食物和饮水；因而大地被誉为诸神、野兽以及我们人类的伟大母亲。古昔多才的希腊诗人曾歌颂她，卢克莱修通过对其仪式的几个方面的解释，详细地描述了对伟大母亲女神的崇拜：其间有关于孩子们应对双亲（和祖国）尽职的道德教诲；这些教诲由对女神力量的敬畏来保证,仪式的目的就在于使群众忘恩负义的头脑和不虔敬的心有所戒惧。然而,无论这个故事被说得多么动人,都是虚假的。诸神喜欢宁静中的不朽生活,远离我们的事务,完全不为我们的谄媚或愤怒所动;并且,大地并无感觉,它产生许多事物,仅仅是因为它拥有许多事物的始基(II,589-660)。

在前面,卢克莱修曾攻击那种认为神是为了人才创造这个世界的信仰和观点,[①] 同样,卢克莱修在这里也反对一个似乎是很可靠的观点:我们生活的大地就像母亲一样眷顾我们。事实上,与有意眷顾我们大不相同的是,大地甚至没有感觉;她有许多能力和产物都是因为她有无数多样的原子,从而是自然而然的,不是有意的。将大地当作女神的观点不仅使人感到愉悦或快慰,还使人恰当地孝敬父母。与父母对儿女的爱是天然的不同,或许儿女对双亲的尽职不是出于天然,而需要宗教来维持。在抨击宗教的同时,卢克莱修或许也抨击了某些同恐吓一样有用的东西。简而言之,这里所反对的宗教性的观点只是部分地令人感到恐惧;另一方面,它也令人感到舒适,对家庭和政治生活都是有所补益的。我们的大地被称为我们的母亲,在一种较为充分的意义上是真的:她像母亲一样关心我们,她用她的权威加固了我们同我们的家庭、我们的祖国之间的纽带。宗教、家庭和政治社会共同创造了一个世界,在这个世界中,每个人都有他自己的位置,并和他自己的父母、孩子和其他公民有着双边的义务。宗教利用可怕的威胁来达到它的目的,但它也提供了一种令人放心的宇宙论支持和一个稳定的形式,使得人会眷恋他自身的东西以及他所知的东西。

---

① II,167-183,580;施特劳斯揭示了这两段之间的联系(p.100)。

卷2的第3、第4节完全与卷1的第3、第4节相照应。① 第3节论证始基是无色的，也没有冷热、声音、味道、气味和感觉；而许多论证都与用来反驳阿那克萨哥拉和其他人的柔软始基的论证相似。卢克莱修通过邀请读者聆听他"用愉快的劳动所寻来的诗句"作为开始的这一节。他的劳动也许是甜蜜的，但他的话题却不是：最狭义地讲，是因为他讨论的始基没有味道、甜苦等等；广义地说，是因为始基缺乏事物的各种性质，正是这些性质使得事物要么能吸引我们，要么让我们感到厌恶。认为原子没有感觉的论证却导致一个困境，那就是无感觉的基本粒子如何造就有感觉的事物。② 用原子是有感觉的这种理论来替代是不可能的，因为如果原子有感觉，那它们就只能是生物（animalia），而生物都是要死的，反之始基却必须是永恒的（II, 914-919）。这一节，或许整个前3节得出的结论就是，我们都来自天（神圣）的种子：我们都受空气父亲和大地母亲的养育，构成我们的粒子随着我们的死亡（是分解，不是彻底的毁灭）又回到它们所来自的地方。③ 留给我们的这个印象很快就会遭到反驳，我们的世界乃永恒的轮回；或者说，是一个永恒的框架，我们所知的万物在其中产生和毁朽。

和卷1的最后一节一样，这一卷的最后一节也涉及那超越我们可见世界的无限宇宙，也以一段特殊的导言开始。在那里，卢克莱修强调了他将要说出的东西的新颖之处。他向读者保证，时

---

① II, 730-1022, 1023-1174；I, 635-920（对始基其他理论的反驳），921-1117（宇宙的无限）。

② 另外一个困境也出现在卷3关于灵魂本性的理论中。

③ II, 991以下。贝利指出（II, 956-958），卢克莱修采纳，几乎是翻译了欧里庇得斯（Euripides）的一段话（但是，卢克莱修扔掉了欧里庇得斯加给以太的"诸神之父"的这个绰号）。

间和习惯会让人们适应那最惊人离奇的事情,这种保证是很必要的,因为新颖和奇特的东西往往令人恐惧。一个人不要因为事物的新奇而惊愕,并拒绝它,而是要用理性去判断它;因为心灵正在探求存在于我们世界的墙垒之外的无限宇宙中的东西(II, 1023-1047)。这个新的理论是说,在这无限的宇宙中曾经有、现在有、将来还会有无数的世界(也包括人的其他种类),因为我们的世界由自然所创造,即由原子偶然的、散漫的和徒然的运动所创造。这个思想意味着自然并不受制于骄傲的主人(即诸神),它不听从他们的指令行事;因为无人能统治无限的宇宙,能公正地在任何时候出现在任何地方,如运用雷电霹雳(霹雳常常把有罪者放过,而对正直无辜的人进行屠杀)。我们的世界如同一头动物:当它处于生长发育阶段时,它吸收和利用的粒子比它失去的更多;步入老年之后,它失去的粒子比它吸收的多,因而逐渐地毁朽,我们的大地已完全不能像过去那样进行创生了(II, 1048-完)。在卷1中,宇宙的无限性被看成是我们的世界得以保存的必要条件,现在我们却知道我们的世界是要死的;在卷1中,我们仍然可以将无限的宇宙看作为了我们和我们的世界而存在。现在这一切已不再可能。我们的世界偶然地被创造出来,仅仅具有机械的必然性,过去、现在、将来都有着无数的其他世界和人类。无限的宇宙与我们的世界、与我们、与我们人类的操心毫无关涉。

卷3的序诗(1-30)乃伊壁鸠鲁的赞美诗,他的一项成就第一次在这里被提及:他照亮了生命的幸福目标(commoda)。卢克莱修追随他,不是热衷于和他竞争荣誉,而是以他为榜样,以他那配得上永远不朽的黄金般的教导来养育自己。

因为你的理性（ratio）一开始发出那出于（你）神圣心灵的物性的响亮宣告，（我们）心中的恐惧就飞散，世界的墙垒就分开，我就看见万物在整个虚空中的运动。①

诸神的居所浮现在眼前，那里永远宁静，自然提供他们所需的一切。这段描述②令我们回想起卷2序诗中圣贤们那崇高而宁静的居所，尽管对诸神居所更完整的描述会提到这迷人的特征并不属于他们的那些居所。另一方面，阴间（Acheron）③却似乎根本不存在。在伊壁鸠鲁所揭示的自然面前，"神圣的喜悦和战栗的敬畏（horror）紧紧抓住了卢克莱修"。尽管在其他一些场合，

---

① 在Ⅲ，15中，我在MS.O文本中读到的是"出现、发生"一词的宾格（coortam），而不是贝利所校勘的主格（coorta）。瓦斯青克（J. H. Waszink）曾给出了对MS文本的一个有说服力的辩护。"关于罗马诗人的两个评论"（"Two Remarks on Roman Poets"），《摩涅莫辛涅》（*Mnemosyne*），ser. 4，1（1949），68-69。

［译注］作者这里的意思是说，"出现、发生"一词不同格的使用，会导致意思大相径庭。通行《物性论》关于这一句诗的拉丁文是：nam simul ac ratio tua coepit vociferari naturam rerum divina mente coorta diffugiunt animi terrores。在这里，divina mente coorta修饰前面的ratio tua，方书春先生依据的英文本就是出于这样的拉丁文，所以，他翻译为"你那出自神一样的灵智的推理一开始它关于物性的响亮的宣告，我们心中的恐怖就飞散"。反过来，作者说他还见过这样的拉丁文：nam simul ac ratio tua coepit vociferari naturam rerum divina mente coortam diffugiunt animi terrores。在这里，divina mente coortam则修饰后面的naturam rerum，于是，意思就成了"你的理性（推理）一开始发出那出于神圣心灵的物性的响亮宣告，（我们）心中的恐惧就飞散"。

② Ⅲ，18-24；卢克莱修追随荷马，《奥德赛》Ⅵ，42-46（见贝利德的注释，Ⅱ，990-991）。

③ ［译注］Acheron：阿克戎，希腊、罗马神话中阴间的一条河，代指地狱、阴间，本书中有时也依据上下文将它译作"死亡"。

卢克莱修也说他自己的劳动是愉快的,① 但是,这是第一次说面对自然(物性)人会感到快乐,第一次说直面真理(不同于认识那人要摆脱的邪恶)是让人快乐的。与大众战栗地远离伊壁鸠鲁的教导不同,② 卢克莱修不仅感到了战栗的敬畏,而且还感到了喜悦。喜悦是"神圣的",而战栗则类似于被宗教所激发或激发起宗教的情感:例如,正是敬畏③ 导致了"伟大母亲"这个偶像的产生。反对宗教的哲学教导在某种方式上却类似于宗教:两者都提供了一幅超出我们世界的日常经验的精神图景。宗教提出了具有无限能力的诸神和人死后其灵魂所要到的另外一个世界;而伊壁鸠鲁的哲学却揭示了不可见的、微小的、永不毁朽的原子和自然宇宙的无限巨大。宗教以及伴随着的对它的恐惧,一方面可以向我们提供一幅令人快慰的图景(在那里,人和他的世界被联系起来构成神圣的和谐),另一方面它还给了我们获得不朽的希望。而哲学教导也能给予我们慰藉,因为我们摆脱了对宗教的恐惧,最重要的是摆脱了对永恒惩罚的恐惧;然而,在一个因原子的杂乱运动而产生的无限宇宙中,对人的境遇的揭示却导致了另外一种恐惧。

接下来的提要在各卷中是最长的(III,31-93)。首先是宣布这一卷的主题和目的,那就是阐明心灵和灵魂的本性,驱除对于死亡(阿克戎)的恐惧,正是这种恐惧搅扰了人的生活,在万物之上倾注了死的黑暗,不让任何欢乐保持无污和纯清;然后,卢

---

① II,730;III,419;I,927-928(IV,2-3).

② I,944-945(IV,19-20)"大众厌恶(恐惧)地避开它"(retroque vulgus ahhorret ab hac [ratione])。

③ "敬畏"(Horrifice) II,609;V,1165 以下。"恐惧"(horror) 导致了许多新的神庙的产生。

克莱修对他随后要阐明的思想进行了长篇辩护。如果人们宣称他们害怕其他东西胜于害怕死的国趿趿鲁斯①，那么，我们会看出他们是在为沽名钓誉而自夸，而不是有着真正的确信。因为当人们被逐出祖国而流亡远方，带着各种丑恶的罪名，受着各种悲苦的时候，他们却仍然要活下去；依然会祭祀亡灵（祖先），对下界神灵奉献礼品，而且通常在悲惨的境况中更悲切地求助于宗教。因此，在不安的危难和逆境中，人的假面具被剥掉，从而显出其真面目。在卷 1 的序诗中，卢克莱修在表达伊壁鸠鲁对宗教的胜利抗争时，他明确提到美姆米乌斯可能会有的一种担忧，即那样的理性研究可能会导致不虔敬和罪恶；但是，他反对那种担忧，断言宗教更是经常引起亵渎和罪恶的行为。在这里，同一个问题又产生了。卢克莱修展示了一幅人类在犯下可怕罪行后投向宗教怀抱的图景，他们转向宗教是因为惧怕死后在地狱（阿克戒）中因罪行而受到的惩罚。我们承认宗教在防止人类犯罪方面并不完全有效；不过，我们必须考虑到，宗教在制止犯罪方面是不是至少部分有效。没有对死后惩戒的恐惧，会不会有更多的罪行？这个思想没有被清楚地阐述，但这一节的剩余部分（III，59—93）就是想说明它。

　　卢克莱修论证说，对财富的贪婪和对政治荣誉的野心都会驱使人们犯罪，而这种贪婪和野心更是因对死亡的恐惧而膨胀到无以复加的程度。对人而言，遭受藐视和贫穷似乎与有保障的甜蜜生活离得很远，它们犹如在死亡门口悉索颤抖着的形骸。而当人们为错误的恐惧（即对死亡的恐惧；它之所以是错误的，是由于人们相信地狱中受惩罚的误传而想摆脱它）所驱使，希望远离这

---

　　①　[译注] 趿趿鲁斯（Tartarus），也译为塔塔罗斯，在希腊神话中，此乃地狱中惩罚罪人的地方。

种悲惨状态时候,他们就犯下谋杀的罪行,用同胞的血来庆贺自己的好运。同样地,嫉妒常常使他们憔悴,当别人声名显赫时,他们却在泥污和黑暗中滚来滚去,于是,一些人为追求立碑留名而丧生。对死亡的恐惧也能使一些人对生命充满恨意,以至于让他们了结自己的生命,忘记了正是这个恐惧才是一切忧苦的源泉。

> 一个恐惧让人寡廉鲜耻,另一个恐惧则破坏友朋之间的联结,叫人把一切的虔敬都抛弃;许多人之所以出卖祖国和亲爱的父母,就是因为他们渴求避开阿克戎的国土。①

于是,令人信服的结论是:以贪婪和野心为中介,对死亡的恐惧将导致可怕的罪行;贫穷和遭受藐视会让人意识到其存在(尤其是未来的死亡)的危机;为了摆脱这痛苦的意识,他们会想尽一切办法追求财产和权力。这儿最大的疑问在于,是否导致那些罪行的对死亡的恐惧,就是那害怕死后被惩罚的宗教恐惧。如果一个人用出卖祖国和父母来逃避死亡,他似乎是被一种更普遍的,或许更自然的对死亡恐惧所驱使,而不是宗教所反复灌输的对死后的惩罚的惧怕;因为准确地讲,宗教教导说,背叛父母这样的罪行是要受到惩罚的。② 如该追问所指出的,如果让人类生活陷于黑暗中的死亡恐惧比惧怕未来的惩罚的宗教恐惧更根本,扎根更深,那它将比宗教恐惧更难以驱逐。结果,防止人类

---

① 比较 I,101:"宗教所能招致的罪恶就是这样。"尽管卢克莱修在这里给我们留下这样一个印象,死亡的恐惧是由对地狱中的惩罚的宗教恐惧所导致的;然而,现在我们知道对死亡的恐惧是许多邪恶的导因。

② 这也是"伟大母亲"(magna mater)的崇拜仪式的教导之一(II,641—643)。

犯罪的更确切有效的方式可能就是增加他们害怕死后其罪恶受到惩罚的恐惧感。反对对死亡和地狱的恐惧,卢克莱修之所以会提出那样一种反向的路径,这可以在下述意义上得到解释:与减少作为整体的社会中的犯罪相比,他更加着眼于要使那些能完全理解和接受他的教导的人得到清晰而完美的快乐。正如贝利所指出的,这在卷3的最后部分完全显示出来:

> 卷3所要根除的对死亡的真正恐惧,要比害怕死后惩罚这特殊的宗教恐惧更宽泛和更普遍。①

因此,我们必须解释:卢克莱修为何要给我们这样一个表面的印象,即死亡恐惧仅仅来自害怕地狱惩罚这虚假的宗教恐惧。一方面,他不愿公开宣称他所反对的宗教信仰是有益的,有让人敬畏的作用;另一方面,为了与他"后苦"的诗性表达相一致,他也不愿意在导言中就显示出死亡恐惧的根本特性,因为在试着驱散这种恐惧时,他将不得不让读者接受人类生活那悲惨的必然性和痛苦的事实。如果一开始他就着眼于揭示这种死亡恐惧很深的根系,那么,读者有可能更加坚定地渴望宗教意见,因为它允诺他以不朽。因此,卢克莱修开始仅仅强调宗教与我们关于死亡感觉的关系中的一个方面,即:对地狱中永恒惩罚的恐惧使得死亡更加可怕。②

卷3的第一节讨论心灵(animus)和灵魂(anima)的本性

---

① 贝利,Ⅱ,996。
② 对死后惩罚的恐惧会折磨那些罪人和不虔敬的人,而虔敬的人和无辜者则会渴望酬报,面对这一事实,卢克莱修在这里当然会保持缄默。在这一卷的序诗中,卢克莱修所给出的例子仅仅让我们反思宗教与人的死亡观的关系的一个方面;直到卷3临近结尾的地方,他才完全澄清了这一问题(Ⅲ,978-1023)。

以及它们的原子构成（Ⅲ，94-116）。它们是身体的一个部分，各个部分一起构成一个完整的生物。灵魂散布全身，而自身就有感情、能思想并统治着整个身体的心灵则位于心胸。心灵和灵魂都是由很小的、光滑的、圆的粒子构成（关于这些的用处被特别强调），因而是特别精巧的。① 它们的构成元素是风、热和空气；为了解释感觉的产生，又加上了不知名的第四种元素，"没有什么东西比它（即第四种元素）更易动、更细致，也没有什么东西比它更小更光滑"（Ⅲ，243-244）。当热占据支配地位，它的出现和增加会导致愤怒；冷风却是惊恐的伴侣，是它引起了身体的战栗；安详的气则产生镇定和宁静。为这些元素分别支配的依次是狮子、麋鹿和牛。人介于狮子和麋鹿之间，类似于牛；但是，在不同的个体之间还是存在着很大的差异：

> 虽然教育（doctrina）使人们同样文雅，它还是把每个心灵本性的原始痕迹保留下来。不能以为宿疾能被根除到这样的程度，以致不会有人比别人更易暴怒，不会有另一个人更易陷于恐惧，不会有第三个人过度地柔顺容忍。（Ⅲ，307-313）

卢克莱修不能完全阐明人的本性、习惯以及构成它们的原子的差异，但是他能宣称：

> 理性（ratio）不能完全从我们身上驱开，而剩下来的本性上的痕迹总算很少，所以，没有什么能阻止一个人去过一种配得上神灵的生活。（Ⅲ，320-322）

---

① "结构精巧"（Tenui textura），Ⅲ，209；参见本书页36注释①，以及它前面的那一节。

如果说还有什么疑问的话,那我们将清楚地发现,除了伊壁鸠鲁的理性(ratio)所要抗争的宗教恐惧以外(这是为了让人生活得尽可能幸福),在生活中还存在着其他的邪恶。人本性中的缺点必须加以反对;即使不是全部,至少它们能得到足够的克服。由于伊壁鸠鲁关于完全宁静(ataraxia)的愿望(这太过宁静的境界乃一种缺点)有点让人吃惊,所以,卢克莱修认为人类需要适度的愤怒。而他宣称我们能过上一种配得上神灵的生活,这也是让人很吃惊的:这使得诸神的生活看起来没有序诗中所描述的那样高贵,同时,它还让我们有可能在诸神的居所和圣贤们那崇高而宁静的国土之间作出比较。

这一卷的中间这一节给出了29个论证来证明灵魂有生有死。① 在第一个论证中,卢克莱修提醒我们要注意我们前面所了解的灵魂的本性:它是纤细的东西,由微小的粒子构成,而这些粒子比水、烟或雾这类东西要小得多;它会为烟或雾的肖像所推断,因为当我们酣睡沉沉的时候,能看见神坛上升起了蒸汽或香烟。正如烟雾会在风中消散,同样,当我们死后,由于没有身体的保护,灵魂也会消散(Ⅲ,425-444)。如果我们接受卢克莱修所提出的原子论原则,那么,这个论证是充分的。他接下来之所以还要给出那么多论证无非想要表明:在这关键的问题上,他甚至试着要劝说那些根本不相信他的原子论教导的人;而且,人相信灵魂不朽的愿望是如此强烈,以至于他要尽其所能地反对这一荒谬的信仰。他正是出于上述原因中的一个,或许同时是两个,才会给出那么多论证的。死亡的许多例子被给出,其中有一些是痛苦而可怕的,这提醒我们,死的痛苦乃恐惧死亡的自然原因。(卢克莱修在最后一节对死亡恐惧的反对,并没有克服掉恐惧,

---

① Ⅲ,417-829;29个论证乃出于贝利的区分(Ⅱ,1064-1131)。

因为在那里他认为只有对于已死的人才谈得上死亡,而对于要死的人来说还谈不上死亡。①)与伊壁鸠鲁不同,②卢克莱修从来不为要死的人可能遭受的巨大痛苦给予任何慰藉。

最后一节是对恐惧死亡的反对。基于灵魂要死这一观点,卢克莱修宣称,对于我们,死不算一回事。我们死后并不存在,也没有感觉;因此,我们死后不会遭受痛苦,正如我们在出生以前不曾遭受痛苦一样。我们知道:

> 当不朽的死神取去有死的生命之后,在死亡中没有什么值得可怕,对于那不存在的人而言,痛苦也全不存在,正如他从来就未曾被生出来一样。③

和前一节一样,对于卢克莱修试图要证明的东西而言,这里开场的论证似乎也是充分的;尽管有了前面这充分的证明,他之所以还要继续论证,也是为了反对那由来已久、挥之不去的恐惧,向仔细的读者指出恐惧死亡的真实原由。

卢克莱修所要解除的第一个恐惧是关于肉体所遭受的种种情况(Ⅲ,870—893)。有时一个人尽管否认他相信在死后他还会有任何感觉,但是他仍然还会抱怨死后他将在地里腐烂,或者被火焰或野兽的爪牙所消灭。这个例子让我们想起在这一卷开始处所提到的那些人,他们自夸他们并不害怕死的国跶跶鲁斯,他们认为灵魂的本质是血,或者是风;然而当他们因罪被流放时,就会转向宗教。然而,前面所提到的那个人却不是罪犯,他的恐惧不是因为宗教,而是自然而然地产生的。在他的内心里还存留着一

---

① 布瓦扬塞,p. 173。
② 伊壁鸠鲁向我们保证,巨大的痛苦不会持久(《格言集》4)。
③ Ⅲ,830—869;引文出自 866—869。

些恐惧的盲目因子，因为他并没有真正承认他所宣称的，在死后没有任何感觉，"他并没有从根本上将那个自我抛弃"（III，877）；而是臆想着自己还有所存留，于是他就会在乎其肉体的遭遇。对于人的肉体如何处置的问题，宗教颇为关心，它主张进行掩埋；宗教这样做似乎并没有导致对死亡的恐惧，而是缓解了这根植于人身上的恐惧，因为人们可以思考和设想他们将来的死亡。卢克莱修没有直接提及宗教的这项功能，而是问了一个问题，（如果一个人拒绝宗教关于灵魂教导的其他方面）为何唯有他的教导和非宗教的埋葬方式才能完全驱除人对于其肉体（尸体）的恐惧：如果死后被野兽啮食乃是一件坏事，那么，为何以下这些就不是一件痛苦的事呢：躺在火堆上被火焰烘烤着，被置放在香蜜中直到窒息，躺在冰冷的石条上逐渐冻僵，或者被上面沉重的泥土所压轧？

接下来卢克莱修借无名氏的嘴表达了针对死亡悲惨遭遇的三个论说（III，894-930）。一些人惊呼，那不吉祥的时日如何抢走了生命的全部赏赐，从此再没有温馨的家庭、美丽的妻子和可爱的孩子所带来的种种欢愉。卢克莱修指出，这些人在说前面那些话的时候，还应该加上：在死人身上再也没有对这些事情的欲望。他们还说，死人已从各种痛苦中解放出来，而为死者悲哀的我们却将满怀永恒的忧愁。对此卢克莱修没有指出无人会遭受永恒的忧愁，他只是问：既然人的最终归宿不外是睡眠和安息，那什么样的哀痛会让一个人在永恒的忧伤中憔悴下去。说话者似乎已经承认了这一点，并且卢克莱修还说，没有什么东西能驱散失去爱人的悲哀。人们还常常一边喝酒一边说，对于我们这些可怜虫欢乐是短促的。卢克莱修没有直接反驳这因欢乐的短促而产生的悲哀情调，而是讥讽他们说，他们仿佛在担心死人会遭受焦渴之苦。接下来卢克莱修想象自然（物性）自己站出来说话（III，931-977）。她（即自然或物性）谴责了我们中的一些人对死亡的过度悲哀。如果我们过去的旧时生活是可喜的，那我们就应该带着满足的心情安然离去；如果不是，那也不必企图为生活多加上些什么东西：因为她能够设法让快乐的东西变为虚无；所有的东西都永远是一样的。然后，她转而谴责那"悲恸超过适当限度"的老人。请注意，卢克莱修并没有因此就最后同意大多数人的想法，即面对生命的缺失，有些悲恸是可以得到辩护的。自然（物性）对老人的谴责更加严峻，称他欲壑难填，要求他服从必然性。卢克莱修评论了这些论说，并认为自然（物性）所给予的谴责是公正的，因为老人应该让位给年轻的一代，在死后的那些时日里，没有什么是可怕、令人悲哀的，它比任何的睡眠都更加平静。无名氏和自然（物性）的这些论说揭示了死亡的恐惧是多么的普遍，它是由对自己的亲人和快乐生活的留恋所自然（不仅仅是由宗教的神话）导致的。

通过解释那些被认为存在于我们生活中的事情（Ⅲ，978-1023），卢克莱修接着完整地表达了对地狱恐惧的摆脱——到现在为止它似乎仅仅是人的死亡恐惧的一小部分。坦塔洛斯①象征因害怕诸神和那可能落在其头上的厄运而备受苦害的人；提台乌斯②象征为爱和情欲所折磨的人；西西弗斯③象征那种热衷求取

---

① ［译注］坦塔洛斯（Tantalus）：希腊神话中宙斯的儿子，因冒犯诸神而被打入地狱，备受干渴和饥饿之苦。他只要一低头，面前的水立刻退去；一伸手，眼前的果实即被风吹走。其故事可参见荷马的《奥德修斯》。

② ［译注］提台乌斯（Tityos）：又译为提提奥斯。希腊神话中的巨人，因攻击女神勒托（Leto）而被处死，死后在阴间受折磨，兀鹰撕食其肝脏。

③ ［译注］西西弗斯（Sisyphus）：又译为西绪福斯。希腊神话中的人物，传说是风神的儿子，以阴险、狡猾著称。他死后堕入地狱，被罚推石上山，但石在接近山顶时滚下，于是又重新再推，如此循环不息。其故事可参见荷马的《伊利亚特》和奥维德的《古代名媛》。

权力而一无所得的人；丹尼亚斯的女儿们①象征欲壑难填的人。地狱中根本不可能还存在什么其他的恐惧；正是因为意识到自己的恶行，以及可能面临的各种可怕的报应，人们才那样无根据地恐惧着。此时我们离这一卷开始时的图景已经很远了，在那里，我们的第一印象是，地狱的可怕是恐惧死亡的首要原因；而现在我们却发现，地狱的恐惧并不是对所有的人，而仅仅是对罪犯和恶人有影响。② 卢克莱修没有提及无辜者也会渴望死后获得快乐这一与前者相反相成的事实。

卢克莱修继续攻击对死亡的恐惧，他建议读者应对他自己说：作为一名贩夫走卒，他应留意到比他伟大的许多人都已经死了；其中有君王和统帅，如安库斯、③ 克瑟尔克瑟斯④ 和斯基皮奥；⑤ 有诗人和哲人，如荷马、德谟克利特和伊壁鸠鲁，"他（即伊壁鸠鲁）的智慧超出全人类"⑥（伊壁鸠鲁的名字在全诗中仅仅在这里被提及）。一个人进行这种考量，可以让他克服对死亡的踌躇和抱怨，因为他的生活已经和死去几乎全无区别：嗜睡、慵懒、多梦、徒然地恐惧、操心以及神魂漂浮不定。自然

---

① ［译注］丹尼亚斯的女儿们（the Danaids）：又译为达纳奥斯的女儿们，或达纳伊德斯。在希腊神话中，她们因在新婚之夜杀死了自己的丈夫而在地狱中受惩罚，她们被要求汲水灌满无底的大罐，却永远也灌不满，永无休止地从事毫无结果的劳动。其故事可参见埃斯库罗斯的肃剧《乞援人》。
② 施特劳斯，p. 111。
③ ［译注］安库斯（Ancus）：传说中的罗马七王之一。
④ ［译注］克瑟尔克瑟斯（Xerxes）：波斯王，大流士的儿子。
⑤ ［译注］斯基皮奥（Scipio）：第二次布匿战争中罗马最伟大的将军（公元前236—公元前183）。
⑥ 正如贝利所说的（Ⅱ，1169），卢克莱修这样做，不是因为他不能做到在这一串历史人物中不提及伊壁鸠鲁的名字，而是为了显示目前这一段的重要性；因为比克瑟尔克瑟斯还早的一大串名字都没有被提及。

（物性）所给予的谴责以及卢克莱修让读者进行的自省是很尖锐、严峻的。之所以被认为严峻，是因为人对死亡的恐惧有着比宗教恐惧更深、更自然的根源，要想驱逐这种恐惧是很困难的。即使人们已经认识到死亡不过是我们作为有感觉意识的存在者的总体消失，但源于对生的依恋的死的恐惧依然挥之不去。为了克服这种恐惧，除了诉诸对死亡的真正教导以外，卢克莱修采用了另外一种方法。自然（物性）所给予的严厉谴责要求着某种公正，凭借这种公正，人应该明白既然他们已经分享了生的美好，那他们也应坦然接受其死的结局；为了让人能较为坦然地接受死亡，她（即自然）还表达了生的一种悲凉景象，即快乐是有限的，并且始终单调如一。① 通过人的自言自语，卢克莱修试图扭转人的抱怨和愤怒，让他自觉自己不得不死，从而让他与他自己以及他那不情愿死的念头抗争。死的恐惧似乎类似于那些根植于灵魂中的缺点：理性（ratio）只能把它驱散到一定程度，而它的残迹却有可能还需要用鼓励、谴责、愤怒或抱怨来加以反对。

　　或许确实需要真的理性（ratio）。然而，大多数人虽然能感受到内心的重负，但并不清楚它的原因。他们不知道自己所要的是什么，总是在试图改换地方；他们都想从自己那里逃开。如果他们能清楚地认识其苦痛的原因，那他们将会把一切别的东西都抛开，而渴望去了解万物的本性。因为成问题的不是一个人一朝一夕的境况，而是永恒时间中的境况。② 人的那些无根据的行为

---

　　①　自然给出了严厉的教导；但是，通过将自然拟人化，卢克莱修为之添加了一点点让人可以暂时感受到的诗性甜蜜，仿佛作为宇宙统治原则的自然关切着我们，并公正地在行动。

　　②　Ⅲ，1053-1075；帕斯卡在讨论消遣（娱乐、爱好、消遣，这全都是在最宽泛的意义上而言的）时，将之看作源于我们对我们的境况和自己的不满意；他的这一论说为这一段的主题做了精彩的解释。

使得他们不愿面对自己要死这一事实。对大多数人而言，死亡恐惧尽管对生活产生了许多不快乐的影响，但它仅仅是一种部分意识（semi-conscious）的恐惧；而关涉死后境况的宗教信仰则倾向于提供其残余的无意识（像克法洛斯①那样担心有可能因作恶或不虔敬而遭报应的人除外）。对物性的知识使我们完全意识到死亡是什么；这个意识可能在某些方面是痛苦的，但如果一个人要从煎熬他一生的无休止的焦虑中解脱出来，那这个意识又是必需的。

卢克莱修用四个简短的论证来结束这一卷，在那里他反对那种对生命的邪恶痴求，因为它迫使我们想活着，活在危险和惊慌之中；他告诉我们：生命的有限是确切的，死亡是不可避免的；我们永远生存在同样的事物中间，一个更长的生命也不会带给我们什么新的欢乐；未来的东西是不确定的；无论我们活多长，我们总是要死的（Ⅲ，1076-1094）。死的恐惧乃是那存在于灵魂中让生活不快乐的诸病因中的最深的根源；它是如此地根深蒂固，以至于只有用最大的努力才能将之驱散，或许根本就不能完全"根除"。② 由于这些原因，卷3的最后一节就成了卢克莱修整个理论的最重要的部分，其至关紧要的意义凸现为下述两点：在那里，伊壁鸠鲁的名字唯一一次被提及，同时，去认识万物本性的迫切需要在诗中以最强烈的方式被表达出来。③ 死亡的恐惧乃人们通常强加抵制而不愿公开承认的，但它本身却会成为在人们的生活中起支配作用的（但通常是隐秘的）情感。然而它能被克

---

① 柏拉图《理想国》330d-331b。

② "根除"（Radicitus evelli）Ⅲ，310；参较"他没有将自我完全抛弃（根除）"（radicitus e vita se tollit et eicit）Ⅲ，877。

③ Ⅲ，1042，1071-1075。

服：最显然的是自杀的例子；此外，那些为朋友、家庭和国家献身的人也很好地证明了这一点。在后面的这些例子中，人们为正义或愤怒的强有力的情感所打动而甘愿献身。由于死亡的恐惧是如此难以驱散，以至于为了反对它，卢克莱修不仅需要严密的论证，而且还不得不使用修辞的华丽辞藻，以便求诸愤怒和正义那非同寻常的政治情感来帮助一个人克服死亡的恐惧（不是在一场殊死的决战中，而是其整个一生中）。① 然而，即使这样似乎仍然是不够的，因为对生命的强烈留恋依然残存。为了进一步削弱这一点，卢克莱修最后献出他的法宝——他的教导确实是苦涩的。前面他已经允诺说，伊壁鸠鲁的哲学教导会让我们过上配得上神灵的生活，现在，他最后要迫使我们直接沉思那极其有限的生命的欢乐和价值。根据卢克莱修的论证，直面人的要死性并坦然接受这个必然性的结果就是：那将使人的灵魂摆脱那最深的恐惧，摆脱那永无休止的欲望和焦虑，不再恐惧，从而能平静地享有生活所提供的真正欢乐。卢克莱修曾说，并一再重复，大众会战栗着避开那真正的教导，我们现在终于能弄清楚他为何会那样讲。

通过重复在卷 1 中对其成就和诗歌特性的论说（Ⅳ，1-25），卢克莱修开始了卷 4。在这一段中唯一实质性的变化是在其结尾处，卢克莱修希望读者能领会到把握万物的本性后得到的好处（Ⅳ，25）。在卷 1 那里，该段的内容在于引起宇宙无限的教导；而在这里，通过重申自己的非凡成就，他让该段的内容与卷 3 的序诗（在那里他强调了他对伊壁鸠鲁的追随）相反相成（即削弱

---

① 这主要体现在自然（物性）所给予的谴责、卢克莱修对之的评论，以及他所要求的读者对自己的反问中。该分析或许可以解释为何卢克莱修会提及那三位已死的伟大政治人物，就卢克莱修通常所表现出来的对政治活动的轻视态度而言，这里对他们的提及是很令人吃惊的。

他对伊壁鸠鲁的依赖)。在这一卷的后面,卢克莱修同样强调他的哲学活动比人们在卷3的序诗中所以为的要独立得多:他说他"总是在探求万物的本性,并且一经发现,就用祖国的文字把它写下来"(Ⅳ,969-970)。人们几乎不会想到,卢克莱修会用这种方式来消除伊壁鸠鲁对他在哲学上的影响。他的意图或许是这样:一个人无论从他人的著作中学到多少东西,那真正的理解却必须是他自己的;面对困境和问题,一个人必须自己进行思考,考察各种相关的论证,并寻求真正的说明。[1]

这一卷的主题是"万物的肖像"(simulacra rerum,Ⅳ,26-53)。无论我们是醒着还是睡着,它们都在恐吓我们,我们看见"形貌可惊的东西和已经丧失了光亮的人的肖像"(Ⅳ,34-35);这必须被解释,以免我们以为有鬼在活人中间到处飘荡,或者以为在我们死后还会留下些什么东西。卷3的教导从原则上来讲是已经可以消除这样的盲信的,但是,通过对那些奇情怪事的解释(既包括对梦见死人这样一种现象的解释,还包括对其他那些诸如人首马身等形貌可惊的东西的解释,Ⅳ,732-734),可以进一步坚定我们的理性确证;而且,那关于诸神的本性和存在的至关紧要的问题还没有得到完全解释。正如卷2对原子及其构成物的解释让我们知道,我们应当以之来理解诸神;同样,这里对于视觉、其他的感觉以及精神的幻觉或想象力的解释也必须用来理解有关诸神的问题,如对于他们我们知道些什么,应如何给予理解。[2]

首先,给予最长和最详细讨论的是视觉(Ⅳ,54-521)。视

---

[1] 卢克莱修在卷1中也曾鼓励美姆米乌斯这样做(402-408)。
[2] 施特劳斯(p.114);关于诸神的形象,尤其参见Ⅴ,148-149、1169-1182,以及Ⅵ,76-77。

觉的产生来源于物的纤细的肖像（simulacra），而这些肖像则出于物的最显露的外表，并能自然地出现在空气中；它们以很快的速度从事物中产生，并持续不断地溢出。尽管物的肖像不能一个一个地单独被看见，但是，通过肖像的相继续起，我们却看见了物的整个肖像。① 在解释了远处的四方塔为何看起来是圆的（四方塔从远处看来是圆的，是因为其肖像的四个角在经过空气中时被磨钝了），以及我们的影子为何好像老跟着我们（之所以会这样，是因为我们移动时，地面上的某些区域被持续相继地剥夺了阳光）以后，卢克莱修断言，眼睛是不会受骗的。眼睛的任务就是去注意光和影，而事实是否真是那样则完全由心灵的推理（ratio）来决定：

   我们的双目不能认识万物的本性，所以不要把心灵的过失归之于眼睛。（Ⅳ，385-386）

然后他给出了 13 个虚假的视觉例子，以梦作为这些例子的结尾。但对于那些我们醒着的时候所看见的，但却根本没有任何现存的东西与之相应的形象（由于他在前面说一些形象可以自然而然地出现在空气中，这种可能性是存在的），卢克莱修没有给出例子；这种遗漏或许可以得到解释，因为它们太罕见了。卢克莱修宣称，尽管所有这些奇异的现象都试图损害我们对于感觉的信念，但这些现象的最大部分却是通过心灵的意见才欺骗了我

---

① ［译注］按字面而言，应翻译为"物本身"。之所以翻译为"物的整个肖像",《物性论》的中译者方书春先生对此专门给予了解释。他认为，按照伊壁鸠鲁的学说，"物本身"（res ipsae）是不能被看见的，这里只是一个省略语，意思是指物的整个的肖像。我们采纳他的意见。读者可参见方译本，p. 203。

们，而这些意见都是我们自己加上去的。所以，他明确地讲：

> 没有什么比这件事更困难了：从显然的事实中分开那可疑的，并且是被心灵自己同时加上去的东西。①

这个困境使得一些人否认真理的存在；对于他们的立场，卢克莱修给予了反驳。他认为无论是真理的概念还是虚假的概念，可疑的东西的概念还是确实的东西的概念，都来自感觉。感觉是最值得相信的；理性奠基在感觉之上，因此从来不可能推翻感觉。对于我们称感觉具有欺骗性，卢克莱修再次指出，这样一种说法是很有问题的。他认为与其不相信感觉，毋宁去找出导致那些所谓幻象的虚假说明；因为不仅仅是真理，而且我们的生活和存在都依赖于感觉，那些被收集起来反对感觉的一大堆东西，都是徒然的空话（IV，469-521）。

其他的感觉被简略地讨论，它们同样是因不同种类的事物流溢出来的肖像所导致的。在说明听觉的时候，卢克莱修解释了在哪些地方会引起回声；而那些地方的居民会绘声绘色地传颂森林神祇的故事，如森林之神②、仙女③ 和潘神④ 等，目的在于"使自己不致被认为是住在穷乡僻壤，连神也把他们遗弃"（IV，580-594）。在此，卢克莱修认为那些神祇根本毋需害怕，在那荒寂的地方，孤独的他们或许更需要慰藉。在说明味觉和嗅觉的那些章节里，卢克莱修指出同一种东西在不同的生物那里，所产生的

---

① IV，463-468；卢克莱修从未给出如何避免这样的错误的详细说明。
② ［译注］森林之神（satyrs）：希腊罗马神话中半人半兽的森林之神，性好欢娱。
③ ［译注］仙女（nymphs）：希腊罗马神话中山林水泽的仙女。
④ ［译注］潘神（Pan）：希腊神话中半人半羊的山林和畜牧之神。

影响是不一样的（甚至对同一个人，在不同的时间所产生的影响也不一样，如生病时候的他和健康时候的他）；在讨论感觉的最后那些诗句中，他又说明了视觉。在那里，尽管卢克莱修没有再次明确地提出感觉的真实性问题，然而，感觉的真实性问题似乎依然是很困难的。正如眼睛要看一样，通过那比引起视觉的肖像更加精细的肖像（simulacra，Ⅳ，722-822），心灵也在想或"看"；我们的心灵是如此的纤细，以至于能为单个的肖像所推动（因而能"看"）。各种各样的物的肖像自然地在心灵中产生了，彼此相遇并结合在一起，从而产生了诸如人首马身的怪物。肖像的种类是极其繁多的，因此我们能用我们的心灵想或"看见"任何我们所希望的东西，无论它是真实的，还是不真实的；肖像的数量又是巨大的，所以我们能"看见"我们心灵所准备着、希望着的任何东西。我们的梦就是由这些来到心灵中的肖像所引起的；当我们的各种感官和记忆力在睡眠中休息时，它们就不能起来抗议那些虚假的、不真实的东西，即睡梦中我们的心灵经常自以为看见的但并不真正存在的东西，如死人。我们的心灵在看见了一个死人的肖像以后，会进而以为那肖像还在动；于是，它也就会在另外不同的场景中看见那死人的另外的肖像，从而认为它已经看见那死人在活动着。

> 我们从小小的迹象却推论出重要的大事的意见，并把自己卷进自我欺骗的陷阱中。（Ⅳ，816-817）

这些诗句印证了我们先前所指出的，即我们的错误不是来自我们的感官，而是来自我们的心灵。现在，我们就能明白以下事实：我们心灵所看见的物的肖像并不能担保该事物的存在；这就是我们之所以必须首先相信感觉的原因。

尽管各节之间的过渡似乎都很言之成理，但该卷余下部分的结构还是难以理解。卢克莱修首先迫切地恳求读者要远离这样一个过失，要以先见之明避开这样一个错误：以为我们的感官和肢体是出于要满足其对于生命的用处才被创造出来的（Ⅳ，823-857）。事实上，我们身体的任何部分都是先产生出来，然后才具有了它们各自的功能或显示出它们本身的用途。因此，自然所创造的万物不同于人通过技艺所制造的东西。用双手战斗、避开伤害、躺下睡觉以及喝水解渴等，所有这一切都先于枪矛、盾牌、床和杯子，后面这些东西才都是出于它们各自的用途而被发明出来。与在另外一些反目的论的段落中所做的不同，在这最激烈的反目的论的论证中，卢克莱修却没有提及诸神。然而，这一段反神学的意义是显然的：唯有在人那里，物的用处的概念才会先于物的产生；而自然却不会以一种有目的的方式进行创造，因为根本不存在着那样一些存在者（即造物主——诸神），他们心中先有物的用途的概念，然后依据这种概念创造万物。我们或许应注意到卢克莱修的诗既是艺术的，又是自然的。凡是因技艺而产生的事物，其用途的概念（为心灵所把握）都先于该事物的产生；但是，对于自然而言，在它所创造的万物的用途被人发现以前，万物已经存在了：因此，读者必须首先看透万物的本性，然后才能认识到它们的用处（Ⅳ，24-25）。

卢克莱修接下来解释了生物为何要寻求食物和饮水，以及何以每当我们愿意的时候，我们就能迈步向前走。[①] 正如我们能想我们所意愿的任何事物一样，这样一种能力也依赖于心灵中各种肖像的存在：心灵首先看见了它想步行的肖像，然后生出走的意愿；于是心灵推动灵魂，灵魂再去推动身体。卢克莱修宣称，他

[①] Ⅳ，858-876；877-906.

要用甜蜜的诗句来解释"睡眠何以在全身灌满一阵安息,并且从胸中解除掉心灵的忧虑"(Ⅳ,907-908)。他认为,睡眠类似于局部的死亡:通过我们的呼吸,灵魂受到外部的空气和内部的空气的撞击而被扰乱,于是睡眠就发生了;睡眠乃灵魂的分散,一部分的灵魂被逐出体外,剩余的部分则隐退到更深的角落。接下来卢克莱修再次讨论了梦,这一次的讨论主要涉及梦的内容(Ⅳ,962-1036)。这一段的大体意思是:日有所思,夜有所梦。卢克莱修举出了 17 个梦的例子,但其中都没有涉及梦见死人,因为它的虚妄性格在前面关于梦的讨论中已经被充分论述了。第 5 个例子论述得最详细(Ⅳ,973-983):连续很多天沉溺于各种娱乐中的人,在事后的许多天中,那些娱乐者的肖像总是出现在他们的眼前,甚至当他们醒着的时候——"热心从事(studium)和追求享乐的影响就是这样大"。第 6 至第 9 个例子论及动物的梦,举这些例子的目的在于让我们知道,不存在关于梦的特例,不要以为梦是诸神和魔鬼的行为所导致的。[①] 在第 9 个关键的例子中,他故意提到诸神的丛林,这是为了让我们知道,我们关于诸神的知识是很成问题的。其他的例子是关于人的恐惧和愿望的。最后一个例子是关于青春期男孩的梦遗,通过这个例子,将这一段与结尾论及爱的那一段联系起来。

对于愿望、意志、恐惧和日常关切,对于我们所梦见的东西,即我们的心灵在睡眠中所看见的东西而言,这一段关于梦的主题是极其重要的。卢克莱修所关心的是对梦的解释,他这样做是为了反对那些错误推论,尤其是关于诸神和灵魂命运的结论;而这一切都源于人们对梦的错误理解。但是,在关于心灵中的肖像(包括梦)的整个讨论中,卢克莱修涉及了一个更宽泛的主

[①] 布瓦扬塞,p. 205。

题，那就是：心灵可以自由地看见它想看的一切，通过这样一种行为，心灵能随意地推动身体；能形成和保存关于万物的各种观念，有时是真理，但更多的时候是远离真理的意见。与想讨论该问题的其他人一样，对于卢克莱修而言，心灵的自由问题是一个复杂的问题。卢克莱修关于心灵的自由问题所给出的根本论证（与伊壁鸠鲁的教导相一致，即我们的研究应尽可能紧密地奠基在我们清晰的知觉和感受之上）基于我们的日常经验：凭借我们的感受，我们每个人都能明确区分自愿的行为和被迫的行为；因此，存在着意志的自由（自由意志）。由于有着这样的自由，因此，并非所发生的每一件事情都必然受着在先的原因的制约；并且，自由的根据进而也必须被认为存在于原子的运动中，原子被断定会发生任意的偏斜（Ⅱ，250-293）。

然而，心灵的这种自由不是绝对的、无条件的，或任意的。我们可以前往我们的心灵所想的任何地方，但我们身体的本性却会引导我们去寻求食物。我们可以相信任何错误的意见，但内心的某种激情（喜好）、某种关切却是那每一个错误的基础。卷4较后的这一节（823-完）尤其注重解释构成我们心灵肖像的各种动因；而那些肖像常常是虚假的。这一节首先反对的就是那荒谬的目的论观念，目的论认为我们的各种肢体和感官是出于要满足其对于生命的用处才被创造出来的。这样一种观点是很有吸引力的；正如有人认为诸神是为了我们才创造这个世界，大地母亲养育了我们，并关心着我们的行为，同样，这种观点也赋予我们的存在以一种虚假的意义和价值。接下来卢克莱修分析了人类的另外一种基于很具吸引力的错误之上的现象，那就是爱情（性爱），并以之来结束这一卷。

卢克莱修首先简略地描绘了引起情欲的肉体原因，然后转而对性爱进行了详细而有力的攻击；这与卷3结尾对死亡的恐惧的攻击相平行。① 情欲永无满足的时候，因为它会被爱人的肖像持续不断地唤起：无论所爱的人是在近旁（有着可见的肖像），还是在远处（有着心灵中的肖像）。这些肖像太过脆弱，不能提供坚实而持续的满足；短暂的满足之后，情欲的疯狂和激暴又会回来。这样，他们耗尽了精力，虚度了岁月，看另一个人的眼色来生活，并将财产耗费于奢华的生活中。或许由于心灵悔恨地想起了虚度的岁月和堕落的生活，或许情人的言行让他妒忌不安，所以

> 全都徒然，因为从欢乐的喷泉中间涌出了一些苦涩的水滴，它带来苦恼，即使在花香鬓影中间。（Ⅳ，1133-1134）

一个人可以通过注意其意中人身心上的缺陷来冲破爱神（维纳斯）的罗网；但是，热恋中的人却往往把实际没有的优点归给他们的意中人。这是愚蠢的，因为无论一个女人是多么美丽，她也会和丑女人一样做同样的事情，而且身上也会散发出难闻的气味；那吃过闭门羹的情人如果被允许进屋，那么只要他闻到一丝气味，他就会找一个借口离开，并"诅咒自己竟是那样痴愚，因为他发觉自己曾经把任何一个凡人所不能有的东西硬加在这位女士身上"（Ⅳ，1183-1184）。

这就是错误的本质和爱情（情欲）所导致的错觉：心灵错误地把不属于凡人（要死者）的东西加在了其身上。现在，我们就能看清爱情与死亡恐惧之间的联系：这两者都是将本不属于我们凡人（要死者）的东西，加在了自己或他人身上。对于死亡的错觉是这样产生的：由于极其害怕死亡的寂灭，于是人们产生了所

---

① Ⅳ，1037-完。布瓦扬塞（p.207）正确地指出，对于爱情的这种攻击，"在文学方法的使用上，同卷 3 最后一部分对死亡恐惧的攻击可相提并论"。

谓不朽的错误信念，并且这种不朽的信念又因下面这个信念而得到支持——即相信自己和他人的生命是如此有价值，以至于配得上永远地延续下去。爱情则是将自己奉献给某人，以便通过与那人的结合而实现自我；而那人被误以为可以超越我们那卑微的状态（如身上散发出恶臭）。男人更容易陷入对死亡和爱情（情欲）的错觉中，因为在男人身上似乎存在着一种自然的倾向，即憎恶他们的要死性，并寻求那超越了其实际状态的东西，渴望永恒的事物。① 尽管卢克莱修所反对的那些错觉是有吸引力的，但是它们并不能导致完满的幸福；回避关于死亡的真理只会导致永无休止的焦虑和令人痛苦的抱负。为错误的意见所左右的爱情（情欲）带给人的更多的是折磨，而不是满足。卢克莱修教导说，一个人要想最好地行事，唯有通过理解我们生命和处境的真理，而这种真理却是与我们最深切的愿望相对立的。就爱情而言，这意味着一方面让自己摆脱了各种错觉；但另一方面，

> 如果她是心地纯良的一个人，那么，在你这方面也就应该闭眼不看这些东西，并且原谅人类的这些缺点。（Ⅳ，1190-1191）

错觉、要死性和永恒性这些问题，显然有助于我们理解人们对诸神的信仰；因为对于我们而言，诸神的存在就在于他们能减轻我们对自己卑微地位和短促生命的恐惧，以及可以实现我们渴求某些永恒事物的愿望。至于这些神灵是否真正存在，或者人们

---

① 卢克莱修对这种愿望的意识是通过其关于永恒这一概念的诗性表达显示出来的：即使下面这些东西没有一件是永恒不朽的，但他还是祈祷他的诗章能获得不朽的魅力（Ⅰ，28），称恩尼乌斯的诗是不朽的（Ⅰ，121），称伊壁鸠鲁的教导最配得上永恒不朽（Ⅲ，13）。

对于他们的观念（与对于情人的观念一样）是否有赖于错误的强加，这都还有待弄清。卢克莱修在卷 4 结尾处指出，爱情绝不出于神恩，这表明诸神的问题依然还存留着。对于性交和生育问题，他给出了几种自然主义的解释，并以下面的论证来结束这一卷的内容。他论证说，人没有子嗣，这并不是神圣的力量所导致的；一个相貌较差的女人会为人所爱，也不是由于神恩和维纳斯的箭头。①

> 有时一个女人为她自己赢得爱情，是由于她自己的举止、和善的态度和整洁的衣着，因为那会很容易使你习惯于和她一起生活。此外，习惯能产生爱情，正如一件东西反复被打击，不管那打击是如何的微小，终于也会被制服而投降。难道你没有看见落在石头上的水滴，如何终于在石块上滴出窟窿？（Ⅳ，1280-完）

卢克莱修通过对我们生命价值的谦逊观察来结束卷 3，他这样做的目的在于让我们接受我们的要死性，以便我们可以在自然必然性的限度内过着宁静幸福的生活。同样，在这里他将我们对于爱情的期待降低到，虽说不是低级庸俗的，但至少也是现实主义的水平上。摧毁爱情那冠冕堂皇的欺骗性，其益处就是让我们能摆脱爱的欢乐与痛苦交替出现的疯狂状态，以便我们能享有与我们真实的本性和处境相一致的、较为平静而纯洁的性和婚姻的欢乐。然而，卢克莱修在结尾处的讽刺笔调，却刻画了崇高丧掉以后的忧郁和苦—甜；因为崇高即便是虚假的，但也是值得期待的。

---

① Ⅳ，1233-1234，1278-1279.

第四章　我们的世界以及
其中人的发展和处境

卷5中最惹人注目的是关于人事（文明）的起源和发展的一节，它也是最后和最长的一节。由于一些人将它看作进化论、历史论和文明进步论的先驱而给予称颂，因此它受到了较多的讨论，而卷5的其余部分和整个卷6则相对受到忽视。这并不令人吃惊，因为对于那最直接和最明显影响我们的东西，人们总是有着最直接和最强烈的兴趣，这又有什么可厚非的呢？我们在试着阐明卢克莱修对于政治生活的理解时，也不得不最详细地讨论卷5的这最后一节。然而，理解人及其发展这一节的背景，即整体地理解卷5和卷6是很重要的，甚至是至关紧要的；因为这两卷的主题，即我们的世界，乃人类产生和发展的背景和框架。卢克莱修首先断言和证明了我们世界的要死性，最后则描绘了雅典那可怕而让人战栗的瘟疫；为了能从各方面理解和正确评价人类的生活，理解卢克莱修所刻画出来的我们的世界就极其必要。①

卷5的序诗对伊壁鸠鲁的颂扬，即使不说过分，也称得上最热烈。在靠近开篇的地方，伊壁鸠鲁被称为一位神，而在临近结

---

① 布瓦扬塞，p. 215。

尾的地方,他又被说成是配列于神灵之列。① 他被如此颂扬的原因在于他已经最大地造福于我们。他发现了生命的原则(ratio),这个原则现在被称为智慧;这个原则,将生命从汹涌的波涛和无边的黑暗中,带入平静而清朗的港湾。色列斯②为人类创立谷物的种植,巴克斯③则教人用葡萄浆来酿酒,但这些传说中的神灵的发现与伊壁鸠鲁的发现相比,都要逊色得多,因为没有那些东西,人们仍然能够活着;但是,如果没有一个清净的心胸,人要想幸福地生活,那根本就不可能。因此,伊壁鸠鲁对于我们而言就似乎更是一位神,通过他,

> 生命的甜蜜的慰藉被远远地传布于各个盛大的民族国家,现在还抚慰着人的心灵。(V,20-21)

他的成就比杀死猛兽的赫拉克勒斯④还要大,因为赫拉克勒斯所杀死的那些怪兽,大部分我们都可以避免;而伊壁鸠鲁却给了我们一个清净的胸怀,让我们免受欲望、恐惧、骄傲、轻浮和懒惰等引起的灾害。

> 因此,他把这一切都加以制服,把它们从心灵中赶出去,并且所用的是语言而不是武器,这样的人难道还不应该

---

① V,1-54,"他就是一位神,一位神"(deus ille fuit, deus. V.8),"因此,对于我们而言,似乎他更应该算是一位神"(quo magis hic merito nobis deus esse videtur, V.19),"这样的人难道还不应该被置于神灵之列?"(nonne decebit hunc hominem numero divum dignarier esse? V.50-51)
② [译注] 色列斯(Ceres):罗马神话中的谷物女神,朱庇特的姊妹。
③ [译注] 这里的原文是 Liber,Liber 本为古罗马的丰收神,后与酒神巴克斯(Bacchus)合一,这里根据上下文翻译为巴克斯。
④ [译注] 赫拉克勒斯(Hercules):希腊神话中宙斯的儿子,力大无穷,曾完成十二项英雄事迹。

被置于神灵之列并加以崇敬？特别是关于不朽的神灵本身，他又曾作出许多天才的宣告，并且在他的宣告中揭露出万物的整个本性。（V，49-54）

培尔（Pierre Bayle）曾将卷1对维纳斯的祈祷看成是"趣味游戏（玩笑）"（un jeu d'esprit），① 这似乎同样适用于这里的序诗。我们已经知道，诸神与我们的世界毫无关系，他们远离尘世的事务，过着和平宁静的生活，不为我们的事功所动；② 这些神灵根本不可能是人的救星。诸神对这个世界漠然视之的观点在这一卷中将得到充分的肯定。③ 然而，伊壁鸠鲁因其对人的恩惠而被颂扬为神；他那些让我们受益无穷的教导，有些是关于诸神的，他教导我们说，诸神根本不是我们的救星。因此，该序诗揭示了宗教那令人高兴的一面（根据大众的观点，诸神是人的救星），这完全不同于卢克莱修一贯公然主张的，即宗教让人恐怖。在对于伊壁鸠鲁的颂扬中，将之看作神，或配列于神灵之列，这预示了卢克莱修所特别关注的——卷5最详细地讨论了神灵和宗教。

在接下来的纲要中（V，55-90），卢克莱修首先对他前面的理论进行了概括。他教导说：

> 万物如何必须继续接受将它们创造出来的约定（或法

---

① 《历史与批判词典》（*Dictionnaire historique et critique*），第3版，鹿特丹，1720，词条"卢克莱修"。

② Ⅰ，44-49；Ⅱ，646-651，1090-1092（自然自己做一切事情，未受任何神灵的干预）。

③ V，146-199，尤其是165-167。卷5的最后一节将显示，神话中归于神恩的所有发明创造事实上都没有"神灵的任何干预"（opera sine divum）。

则，foedere）的统治，① 它们也永不能废除这法则，即万物都是要死者。

其中，灵魂也是一种自然的产物，最终也要归于死亡，只不过死人的那些肖像（simulacra）愚弄着我们（Ⅴ，56-63）。由于这个概括强调了万物的必死性，因此它自然而然地过渡到卷5这五节中的第一节，但卢克莱修在这里对五节的内容都有所提及。第一节说明世界是有生有死的；第二节说明世界是如何产生的；第三节说明什么样的生物曾从大地中产生，以及什么样的生物根本就未曾诞生；第四节说明人类如何开始使用语言，以及对于神灵的敬畏是如何开始的；第五节说明自然是如何统治着太阳和月亮的运转的。② 主题所展开的次序看起来极其合理：首先提出世界之所以被产生出来和将要毁灭的基本原则；然后说明地球上生物的产生，包括人及其发展；最后讨论天体（它们不再生成着）现在的运转，而这个讨论将联系着卷6对地上的突发现象的讨论。

然而，就卷5自身而言，存在着一个与大纲中所阐述的次序不同的变化，那就是：关于天体（包括太阳和月亮）运行的这一节的讨论，其位置不是在最后，而是在第三。卢克莱修为何要做这样的调整难以解释；然而，一个人尽可断言，那是因为他非常关注天体的运动这一节。或许，那也就是我们关于神灵的错误信仰的主要原因；因为卢克莱修在卷1的序诗中曾暗示说，他要证

---

① 对这个句子（Ⅴ，56-57）的解释我们采用布瓦扬塞（p.212以降）的观点，他的解释不同于其他的评注者和翻译者。
② Ⅴ，64-77；因此，这五节依次是：（1）91-415，（2）416-508，（3）772-924，（4）925-1457，（5）509-770。

明"关于神和天的最高定律"。① 因此,他现在就要着手论述大纲中的最后几行。② 他必须解释自然的这位舵手是用什么力量在指导着太阳和月亮的运转,以免我们以为它们乃是出于自由意志而运转,并以此来增加我们的收成和使生物繁殖;或者,以免我们以为它们是按照神灵的计划(ratio)而运转。③ 因为,即使人们已经认识到神灵乃过着一种无忧无虑的生活,可只要他们对事物的原因还存在着无知,尤其对上面天空中的现象还有无知,那么,

> 他们就又被抛回到古老的宗教里面,并再次接受那些严酷的主宰者;可怜的人竟然认为他们是全能的,却不认识什么能存在,什么不能够存在,每样东西的能力是如何被限定的,以及那根深蒂固的界碑。(Ⅴ,86-90)

为了摒弃宗教,知道神灵乃过着一种无忧无虑、与世无涉的生活,这是有用的,但并不充分。人们还需要了解没有诸神主宰的自然是如何产生出天上的那些现象,还要了解每样事物(包括神灵)的能力是如何被限定。这些知识都将在卷5和卷6中被给出。

卢克莱修在卷5的第一节,首先宣告了一件让人难忘而恐惧的事情,那就是将来的这个世界的突然终结:仅仅一天就可以让

---

① Ⅰ,54;未能吓倒伊壁鸠鲁的宗教的各种恐吓中,最突出的就是天上的那些现象(Ⅰ,64-65,69-70);我们在读卷1这一段时,要注意这样一个事实,即:Ⅴ,89-90,亦即Ⅰ,76-77。

② Ⅴ,78-90;我们头顶天空中的事物与我们关于神灵的错误信仰之间的联系,在Ⅵ,58-66中通过对Ⅴ,82-90的重复而被重申。

③ 我们先前就已经被提醒,这令人高兴的景象和那令人恐惧的景象一样,都必须加以反对,见Ⅱ,167以下。

海洋、陆地和天空全部毁灭（Ⅴ，91-109）。他说，他完全意识到，将来世界要毁灭这个事实肯定会让人感到新奇，由于这不可能被人现在亲身经历，因此让读者确信这一点也是很困难的。在先前的一个地方，卢克莱修也提到一种特殊理论的新奇之处，那就是他教导说，存在着无数的世界；在那里，他也谈到了新奇事物那令人恐惧的特性。① 在这里，卢克莱修没有提及所谓新奇事物所带来的恐惧，因为他已经宣告了，他的理论本身才是最让人恐惧惊愕的。然而，他还是用特殊的方式刻画其恐怖性格：

> 也许事实本身会迫使人们相信我所说的这些话，也许你在短时间内就会看到，大地猛烈的震动使所有的一切都爆裂粉碎。但愿命运这位舵手，引领我们远远地避开；但愿是推理而不是事实本身来劝我们相信万物会全部被颠覆，带着可怕的爆裂巨响而沉没陨落。（Ⅴ，104-109）

世界未来的毁灭是如此让人恐惧和悲哀，以至于卢克莱修似乎要向命运女神（Fortuna）祈祷；尽管事实上正如他很快就宣布的，根本不存在任何让人信托的存在者，能改变宇宙要毁灭这一事实。此外，卢克莱修是依乎人的情感在谈论，而不是仅仅阐明那让人悲哀的事实。他也再次含蓄地指出了宗教那安慰人的一面（类似于前面所讨论过的将神灵看作救星的那种宗教观）：为了避免那可怕的灾难，宗教信徒可以向神灵祈祷。

在证明世界的要死性以前，卢克莱修宣称他将"用其博学的

---

① Ⅱ，1023-1047. 比较Ⅴ，97"触动心灵的那些新奇事情"（quam res nova miraque menti）和Ⅱ，1024-1025"新的事情和新的物种"（nova res et nova species rerum）；对于新事物的恐惧，见Ⅱ，1040"因为事物的新奇而惊愕"（novitate exterritus ipsa）。

言辞展开许多慰藉"（Ⅴ，113）。面对这样一种理论，人们很容易理解其要安慰人的这种愿望。然而，"慰藉"却不是针对世界将来的毁灭，而仅仅是向我们保证，伊壁鸠鲁对于世界的探究绝不是亵渎不敬的行为，绝不是如那些冒犯朱庇特的巨人那样应受惩罚（Ⅴ，110-121）。"慰藉"表现在四个方面，全都表明在神灵和我们的世界之间不存在任何联系。他首先论证，世界的诸部分，如陆地、海洋、天空、太阳、月亮和星辰等，都不可能是神灵，因为它们缺乏生命的动作和感觉。卷2在反对大地的神圣性时已经指出了这一点；现在，通过运用卷3关于灵魂（乃生命的动作和感觉的原因）的教导——灵魂不能离开血肉，只能存在于生物的身体之中，这一结论得到了进一步的加强和拓宽。① 因为神灵必须是有感觉的，因而也拥有灵魂；而灵魂只能存在于生物的躯体之中；因此，神灵必然有着生物的躯体。

第二个"慰藉"则教导说，诸神的居所不在这世界中：

> 因为神灵的本性是这样的精细，远非我们这些感官所能知觉，以致几乎不能为心灵的智力所看见。并且既然他们总躲开我们的手的接触和打击，他们便也不能接触到任何可被我们接触的东西。因为凡本身不能被接触的也永不能接触他物。因此，既然他们的驻地像他们的身体一样精细，那他们的驻地也必不同于我们的驻地。这一点以后我将详细地向你证明。②

---

① Ⅴ，122-145；Ⅱ，652；Ⅲ，784-797.
② Ⅴ，146-155. 要进一步讨论诸神的居所的允诺并没有被兑现。根据伊壁鸠鲁的神学，诸神不存在于我们这个世界中，这可以被其他的一些资料所佐证；例如，西塞罗在《论神性》（*De natura deorum*）中指出，伊壁鸠鲁认为诸神的居所在诸世界之间（intermundia）的间隙中。

卢克莱修详细讨论和称之为"精细"的东西是灵魂（和心灵）与肖像（simulacra），它们是极其容易腐朽的东西；神灵不能被接触，因此不在这个世界中，这可以被解释成为神灵不朽的信仰提出了某种可能的证明。然而，我们依然难以理解，神灵那"精细的本性"和"精细的身体"如何能为灵魂和心灵的存在提供必需的条件（正如血肉之躯所做的那样）。

这个世界的任何部分都不是神圣的，都不适合诸神居住；正如卢克莱修在第三和第四个"慰藉"中所论证的，诸神也不是为了我们才创造这个世界的。他们不愿也不能那样做，理由有三（V，156-194）：首先，作为不朽和至福的存在者，他们不可能从我们这里得到什么好处而使得他们愿意为我们行事；对于他们过往的生活，他们也不想有什么改变。因为，为旧的东西所苦的人才期待新的东西；而幸福生活着的人则不会有进行新的尝试的热望。其次，如果我们从未被创造出来，这对于我们也没有任何害处。只有那品尝了人世的欢乐的人，才会对人世间有所眷恋；但对于那从未品尝过生命之爱的人，从未加入生者队伍里面的人而言，即使他从未被创造出来，这对他也没有丝毫损害。这个论证的前提和论点并不是那么显而易见的。或许，即使承认神灵是我们的恩人，或者至少不会加害于我们，这依然意味着他们没有任何理由要创造我们；或许，面对诸神和整个宇宙对于我们的存在的那样一种漠然态度，人们会产生某种怨恨，而它（即卢克莱修的教导）就是要和这种徒然的怨恨作斗争。如果死亡对于我们无关紧要，那就有理由声称，从未被创造对于我们也同样无关紧要；尽管在同一个论证中，卢克莱修也承认，享受着生的乐趣的人试图逃避死亡，这也是合理的（在卷3的最后一节卢克莱修和自然似乎都反对这一点）。①

第三，如果自然没有将万物和人创造出来，神灵就不可能知道他们是如何产生的；因此，世界不可能是神灵所创造的，它们的产生只能是通过原子的自然运动，通过它们的各种偶然的互相结合。

卢克莱修所给出的最后一个"慰藉"则是对他在卷 2 所许诺的要进一步阐明的论点的接续。② 未阐明的前提是，诸神不会是有缺陷的匠人；万物的本性绝不是神力为我们而创造，因为它（即万物的本性）充满着如此巨大的缺陷。用来支持这种观点的论点绝不专属于伊壁鸠鲁学派。这个世界的许多地方并不适合生活，为了得到足够的食物，我们必须在田野中辛勤耕耘，并且各种恶劣的天气都能将我们丰收的希望毁于一旦；自然所养育的各种野兽、疾病，以及最终的死亡，都在折磨着我们。婴孩，就如同一个被浪头抛到岸上的水手一样，赤裸裸地躺在地上，不会说话，需要各种各样的帮助才有可能生存下去；他发出悲苦的哭声，因为"对于一个生命中正有着这样多的灾难在等候着他的人来说，这也不足为怪"（Ⅴ，226-227）。（人的一生）需要那些无意义的孩子，需要保姆的那种简单无谓，需要各种衣服来适应

---

① Ⅲ，894-977，1076-1086. 死亡至少有时是一种不幸，在人类处境的各种不幸中，卢克莱修提到了"不合时的死亡"（Ⅴ，221）。

② Ⅴ，195-234；Ⅱ，177-181 几乎同Ⅴ，195-199 完全一致；许诺是在Ⅱ，182 中作出的。表达上的主要差异是：在这里，卢克莱修用的是"事物的本性"（naturam rerum，Ⅴ，199），而不是"世界的本性"（naturam mundi，Ⅱ，181），尽管事实上他的论证和例子都是关乎我们的世界的。这个变化表明，不仅这个世界存在着缺陷（从人的目的来看），而且整个宇宙都是有缺陷的；它也预示着无限的宇宙最终要毁灭，毁灭的最终结果会降临到我们这个世界。

变化了的天气，需要武器和城堡来保卫自己的东西；反之，动物则不需要这一切，因为大地和自然已经为它们提供了丰沛的东西。动物就像神一样，① 自然给予其充分的满足；而人却处于一种贫瘠的境地中，这迫使他要辛勤耕耘，同时也让他遭受更多的灾难。如果卷3和卷4还留下了一些不清楚的地方的话，那现在的这一节则明确告诉我们，即使宗教确实让人行许多"邪恶之事"（Ⅰ，101），但"生活中的如此多的苦害"绝不可能通过对宗教的拒斥而清除。同样，尽管在这一卷的序诗中，卢克莱修将伊壁鸠鲁称为神，说他将各种忧虑和恐惧都从人的心灵中驱逐出去（Ⅴ，49-50），但事实上伊壁鸠鲁的教导也不能让人摆脱一切苦害灾难。

如此高的颂扬乃卢克莱修诗性和规劝性表达的一部分；诸如这里所提及的那些人类处境的悲惨事实，使得卢克莱修在卷6的序诗中对之进行了更加真实的描绘。在那里，他说伊壁鸠鲁已经净化了人的心灵，已经给欲望和恐惧划定了范围，向人揭露出了什么是至善，以及我们获得它的方法：

> （他已经指出），在人们的所有事务里面，有坏事出现，各种各样到处溜达：无论是由于偶然或是强制，因为自然曾经作了这样的安排；他还指出了一个人应该从哪一个门口冲出去和各种各样的坏事作战。他证明人类大抵都是完全徒然地让忧虑的凄惨的浪涛在心中翻滚。（Ⅵ，29-34）

即使是真的教导，也不能让人的生活完全摆脱各种忧虑，例如，在雅典瘟疫那可怕的灾难中，一位伊壁鸠鲁主义者也并不会

---

① Ⅲ，23."自然提供其（即诸神）所需的一切。"（omnia suppeditat porro natura.）

比别人好过到哪里去。①

在这长长的序论之后,卢克莱修最后给出了世界的有生、要死的证明,像"慰藉"一样,它也可分为四个部分。第一个论证(V,235-323)是恩培多克勒的四元素理论,或者"世界那最伟大的肢体和它的部分"全都是最终要死去而又会再生的东西。这显然出于它们之间的持续交换:例如,土的一部分被太阳的热量烤干,从而变为云样的飞尘;而它的另外一些部分则被水流带走。第二个论证(V,324-350)是说,没有诗人吟唱在忒拜(Theban)和特洛伊(Trojan)战争之前的事情,这表明世界是有开端的。而许多技艺都清楚地表明,这个世界乃新近的产物,是在不久以前才获得其开端的。卢克莱修给出了一些技艺的例子,而这些例子中的技艺似乎处在一个上升的序列中:造船航行的技艺、音乐、伊壁鸠鲁的哲学以及他的诗歌。他在这里对他自己成就的评价似乎是整部诗中最不谦虚的:

> 我自己现在才被人发现,是第一个用祖国的语言说出它(即伊壁鸠鲁哲学)的人。(hanc [rationem] primuscum primis ipse repertus/nunc ego sum in patrias qui possim vertere voces. V,336-337)

如果一个人反驳说,这个世界是永恒的,只是人和城邦因大

---

① Ⅵ,1138-结束;施特劳斯指出了这一点,"(在那可怕的时日里)没有一个人能免受疾病、死亡或忧伤的侵袭"(Ⅵ,1250-1251,p.82);此外,一个人可能会因失去记忆力而丧失其智慧(Ⅵ,1213-1214)。这不是否认说,一位能将死亡的恐惧置于自己的控制之下的伊壁鸠鲁主义者就可以不像一些人所做的那样,割去身体的某些部分以苟全生命(Ⅵ,1208-1212);也不是否认说,他不会像一些人所做的那样,为了自己能活下去而争先葬掉自己死去的亲人。

火、洪水或世界的某种剧变而被毁灭了,① 那他也必须承认某个"让人悲哀的原因"某天将会毁灭这个世界。因为既然这个世界能为某种原因所袭击扰乱,那么,某种更强大的原因就能够彻底将之毁灭。

第三个论证利用了一些伊壁鸠鲁哲学的特殊教导。② 凡永恒存在的东西必须得满足下列原因中的一条:(1) 属于坚实的物体(如原子);(2) 不受任何东西所打击(如虚空);(3) 至大无外,没有任何东西可以打击它,进入它里面让它解体消灭(宇宙就因这个原因而永恒)。在这个世界之外还有无限的空间,它能让这个世界的墙垒分散解体:

> 并非没有那样的东西,它们也许会从无限中涌出来,并且能够用狂暴的旋风使万物毁灭,或者给它们带来其他危险的灾害……因此,对于天空、太阳、大地和海洋,毁灭之门并非关闭而是敞开着,是向它们张着的可怕的巨口。(V,366—369,373—375)

世界是要死的,它不能抵御无限时间之流的暴力;因此,它必然是产生出来的。这个论证反对世界是永恒的,并同样适合于反对万物(凡由原子构成的)的永恒性,包括神灵。为了不像这个世界中的万物那样遭受毁灭,诸神不可能生活在这个世界中。然而,世界之间的间隙也不能确保他们的安全。如果从无限中涌出来的东西能攻击和毁灭我们的世界,那它们也能攻击和毁灭寓居在世界之间的诸神;此外,诸神不能生活在这个世界,然而,

---

① 例如,柏拉图《法义》Ⅲ,667;亚里士多德《政治学》1269a6。
② V,351—379,其中351—363几乎同Ⅲ,806—818完全一样,在Ⅲ,806—818,同样的论证被用来证明灵魂的要死性。

即使他们碰巧在世界之间的间隙处，在那里也有可能产生出一个新的世界。① 因此，根据伊壁鸠鲁关于自然的教导，我们可以得出结论，不朽而幸福的神灵根本不可能存在。②

在第四个论证中（V，380-415），卢克莱修又转而对"世界那最伟大的肢体"进行另外一种综合考察：它们在一种完全不是神圣的战争中激动着，彼此之间进行着一场大战；这场战争某天会因某一个元素的获胜而结束，如火或水。诚然，据传说，火和水曾一度各占上风。根据希腊那些上古诗人的描述，当驾驶太阳战车的法厄顿（Phaethon）失控以后，火烧光了许多东西，但是万能的天父干预了这件事情，挽救了世界。但这个说明却是远离真理的：火之所以能取胜，只是因为从无限里面产生出更炽热的粒子；然后它的威力要么就减退衰败，要么就将万物烧光毁灭。同样，传说中的大洪水，也是因为从无限中涌出了大量的水的粒子。而这些力量的衰败减退乃是因为自然的偶然作用，而不是神灵的干预。

卷5第一节的教导并不完全都是新的：作为无限的宇宙中的无数的世界产生后的必然结果，世界日益衰老而最终毁灭，这在卷2的结尾处已经提出来了。在那里，世界的要死性被看作类似万物中的任何一样东西：成长，到达顶峰，然后是衰败；给人的印象是世界的毁灭将是逐渐衰老过程的终结。在现在这一节里，世界终结的可怕性格则完全被揭示为：最后的灾难是迅速的、突然的和不可预见的，从那超出了这个世界的墙垒的无限宇宙中产生了某种无法抵御的力量，它的攻击导致了最后的灾难。从无限

---

① 伊壁鸠鲁在《致匹索克勒的信》（*Letter to Pythocles*）中认为，诸世界都是从世界之间的间隙中产生出来的（89）。

② 后面我们将更加充分地讨论这一点以及与之相联系的问题。

的宇宙中涌出来的毁灭性的力量是这一节的最重要和最让人恐惧的新教导。① 这个世界不是永恒的和安全的,它、我们和万物都完全暴露在那毁灭的巨大力量之下,在将来那不可预见的某一刻,这巨大的力量会毁灭这一切。诚然,如果过去那些大毁灭和大洪水的传说事实上是有根据的(卢克莱修对此完全同意),那么,那些巨大的力量已经向人们显示过了。卷6的一个重要的目的就是,揭示那无限的宇宙施加给我们世界的突发性的破坏,这不仅发生在将来世界毁灭的时刻,在过去和现在也时时出现。这种影响导致了我们世界中的许多极其可怕和奇异的突发现象,如伊特那火山②的喷发,它那不同寻常的力量使得邻近的各族人民充满了恐怖和焦虑,唯恐"自然正在计划什么新的事变。"(Ⅵ,646)如果我们记得我们的这个世界是整个宇宙中多么细小的一部分,还比不上一个人在这个世界中所占的比例,那我们就不会对许多事情感到惊奇。如果一个人突然被脚、牙或眼上的剧烈疼痛所攫住,或突然得了热病而发烧,病症便会沿全身蔓延,因为:

> 既然有充足的无数事物的种子,而我们这个天和地又带给我们以充分的毒素来产生无数的病害。所以,同样地,我们必须假定天和地能由无限的宇宙供给一切的东西,是的,有着一切充足的储备,借之大地能够突然被震动起来,疾速的台风能在海上陆上狂吹,伊特那峰能够溢出那么多的火,天空能够变成一场火焰的大爆发。因为这种情形有时也发

---

① V,367—369,407—408,414,参见注释147。在V,509—770中,卢克莱修给出了现象可能超出世界的某些原因。
② [译注] 伊特那火山(Mount Etna):欧洲最高的活火山,位于西西里岛。

生，于是乎天空燃烧起来，雨云更浓密地出现，当水的种子碰巧这样集结了的时候。①

有限的东西是让人放心的：伊壁鸠鲁关于每样东西的力量都有一定的限制的教导，被认为可以减少我们的恐惧。② 相反，无限却是如此地全然相异和令人恐怖；当卢克莱修在卷1的结尾处第一次论述宇宙的无限性的时候，他让这种理论显得可爱得多，因为他指出，无限的宇宙对于我们世界的保存而言是必须的，无限性是我们的世界的必不可少的"生命之源"（causa salutis）。而在卷5和卷6中，无限性的另外一种完全与卷1那里相对立的性格被突显出来，即它那无法预见的毁灭性的力量。（无限性的）两种性格都是真实的：为了维持这个世界的存在，需要提供出无限的物质，但这仅仅适用于一个有限的时间。

最后，某种无法抵御的力量从无限中涌出，它将毁灭这个世界；那些可怕的景象，如地震、火山爆发和暴雨等，都是最后的灾难的某种预示。卷5的第一节揭示了这个世界非神圣性的悲惨性格（这在卷6中会得到进一步的详细论述）：对于人类的生活而言，这个世界是极其不完满的，面对从无限宇宙中涌出的危险，它完全无所逃逸。在这一节开始处，卢克莱修提到了向命运女神的祈祷；在这一节的结尾处，他又提及传说中万能的天父为了挽救大地免受大火的焚毁而进行的仁慈干预。这都显示出，宗教尽管是对我们处境的一种错觉，但它也能给人以慰藉。尽管卢克莱修教导说，这不完满的世界时时面临着自然的攻击，至少，

---

① Ⅵ，641-672；引文见662-672；也参见Ⅵ，483-494，955，1098-1100。

② Ⅰ，76-77，595-596；Ⅴ，89-90；Ⅵ，65-66.

自然对世界所表现出来的敌意和毁灭性丝毫不比它对世界的庇护和创造少,因此,身居其间的我们的处境极其危险;但是,他建议我们,不要试图去控制自然,而是要坦然接受自然的必然性。对于这样一种立场,我们将在讨论他关于技术进步的论断时给予讨论。征服自然的任何企图都是不可能的,其中一个原因显然是,无限宇宙的力量太巨大了:

> 神灵在和平的悠久的静穆中度过无忧无虑的岁月和宁静的生活,让他们那神圣的心来作证:请问,谁能够统治那无边无际的宇宙,以坚定的手执住那无底深渊的巨大鞭绳?(Ⅱ,1093–1096)

第二节(V,416–508)描述了我们的世界的形成:从各种原子的偶然集结而自然生成的紊乱无章的风暴中的一种不断分离,即来自原子的无目的性的运动和打击。最后是对以太(Aether)的颂扬(V,495–505)。在对世界形成的概述中,卢克莱修告诉我们,当世界的土粒子像沉淀物一样沉积在底层(即中心地方)的时候,地球就形成了;而另外那些圆滑的粒子则留在了上面,形成了海洋、天穹和以太:

> 而由于以太最轻最有流动性,就漂浮在风的地带之上,也不把它的清澈的躯体和咆哮的风混杂在一起。它把它下面所有的那些地域都留给狂暴的旋风去播弄,把它们全留在不测的风暴中去受困,同时它自己则以一种不变的运动带着它那些火平稳地滑动着。(V,500–505)

对以太的这种描绘让我们想起了卷3序诗对神灵的居所的描绘(Ⅲ,18–24),它们之间很相似:以太高高在上,稳定而自由，完全不受打扰，看起来就像神一样；在这几行诗中，以太似乎完全被人格化了。在高处的以太和它的那些火为天体的运动提供了稳定的动能，第三节就是对它们（即天体）的讨论。

第三节有两个方面值得注意。首先，它在卷 5 中的位置值得注意，因为似乎它本应被放在这一卷开始的纲要中。它的这样一种误置（实际上是故意放在那里）和离题，卢克莱修在第四节的序论中给予了强调："现在我回头谈世界的原始时代。"① 这个位置的作用在于强调其非凡的重要性。其次，它以一种独特的方式，用这样一句诗来引入，"现在，让我们来歌唱什么使星辰运动"（V，509）；这句诗的作用在于表明这一节是非常诗性的，或者说将用一种非凡的方式进行。这一段的重要性首先似乎在于它在反对宗教中所起的作用。卷 5 的纲要已经指出，这就是探究天体运动的原因，② 并且，在卷 6 中卢克莱修将重申对于不同的自然现象的解释和宗教之间的联系。③ 根据前面的考察以及我们在别的地方所讨论的卢克莱修对宗教信仰的频繁攻击，这一段最值得注意的地方是：在这里，他根本没有对那些关于神灵及其行为的错误信仰作出任何攻击。而且，在这一段的前面部分，他甚至使用了许多诗性的语言，而这些话每一句都同先前的教导相冲

---

① V，780. 事实上，在离题以后卢克莱修会重新回到主题上去，"我回头"（redeo）这种表达形式，在全诗中仅仅出现在这里（见施特劳斯的注释，p. 125）。

② 参见页 80 注释②-页 81 注释②。

③ 告诉人们各种天气现象的真正原因，反宗教的理由在 Ⅵ，50-89 中被重复。卢克莱修详细地反驳了宗教对于雷电的错误观点，这些观点都与他的教导相对立（Ⅵ，379-422）；并且，他也明确地指出宗教关于诸如阿韦诺湖（Avernian）等神秘地方的错误观点（Ⅵ，753-754，762-768）。

［译注］阿韦诺湖，位于意大利中部，传说中的地狱之门。由于湖中散发出的有害气体使得鸟无法生存，因此又称为无鸟的湖。

突,因为他先前曾明确教导说,世界和它的主要部分都是要死的、非神圣的和无生命的。在这里,他却提到了"永恒世界中的星体的旋转",并将"爬行着到处去觅食"作为导致它们运动的一种可能的原因,他还这样描绘地球(大地),说它"生活"在世界的空气中,并和空气紧密结合在一起。①

简而言之,卢克莱修在这一段中,对那与他的教导相对立的错误观点(即认为天体和整个宇宙是神圣的)完全保持沉默。②正是这一段的这种风貌构成了其异乎寻常或独特的诗性特征。③换句话说,就人们现存的信仰和渴望而言,伊壁鸠鲁主义的观点(认为这个世界是要死的、非神性的,并且对于人类而言是有缺陷的)让人感到苦涩,因此,卢克莱修对这些事情的短暂沉默乃是一种诗性的甜蜜表达。因此,这一段的重要作用远不止于要驱散对于神灵的恐惧。这一段还进一步显示了卢克莱修诗歌的特征,以及更加清楚地让我们认清伊壁鸠鲁主义关于这可见世界(尤其是它的那些高高在上的部分,如天穹)的理论和人类的习俗以及对于这世界那根深蒂固的观念之间的关系。④

---

① V,514,524-525,538;当然,绝不是说这些诗性的表达是前所未有的,事实上,类似于将以太人格化的表达在第二节的结尾处已经出现过,并且在第476行那里,太阳和月亮被说成有着"活着的身体",它们也同样被人格化。只不过,当世界的要死性已经得到证明以后,它们(即对世界的人格化)在这里就显得特别突出罢了。

② 相似的情形:尽管卢克莱修论述(V,526-533,614,620,752)和完全追随着正统的伊壁鸠鲁主义的教导,即用多重原因来解释远处的天象;但是,他没有像伊壁鸠鲁那样(《致匹索克勒的信》87、96、97、104、113)说,对陷入神话的东西只需作唯一的解释。

③ 施特劳斯指出了这一点(pp. 124-125)。

④ 这些习惯的看法的根据和来由在这一卷关于宗教的主题讨论中被给出,V,1161-1240。

第四章 我们的世界以及其中人的发展和处境

卢克莱修归结出来的关于人们对天体的看法的最重要的东西，对于现代的读者而言可能有些奇异。我们是一种以独特方式对于天体嗤之以鼻的宗教的后裔，我们乃数个世纪发展出来的唯物主义的物理学的后裔。然而，卢克莱修那时却正在提出一种教导，完全与他那个时代的主宰着哲学思想的学院派理论相对立，也与那时大多数人的关于宇宙的看法相对立。关于这个问题，与卢克莱修的观点最相对立的是斯多亚主义，西塞罗《论神性》（*De natura deorum*）卷 2 中①的那位斯多亚主义者巴尔布斯②的论说最为我们所熟悉，天体的运动显示出我们所能观察到的最完美的规律性和秩序；由于秩序乃理性的结果，因此，显示出秩序的这些存在者自身必须有理性，并且在智力上远远高于我们；由于它们的规律性的运动是永不改变的，故它们也必须是永恒的；因此，它们必然是神圣的。万物的各个部分都是为了整体而存在着，整体高于某个部分；人是这个世界和这个宇宙（被理性和明智地规定着）的一部分；但是，由于人是有理性的，整个宇宙自身也必须有着更高的理性秩序，因此它是神圣的。③

此外，卢克莱修不仅要反对斯多亚主义，还要反对柏拉图和亚里士多德，因为他们也教导说，宇宙和天体是神圣的（或显示

---

① 该书在卢克莱修去世后不久被写成。尤其见该书的第二章，5-16，19-22。

② ［译注］巴尔布斯（L. Balbus）：全名为路奇乌斯·科尔涅里乌斯·巴尔布斯（Lucius Cornelius Balbus），恺撒的朋友，公元前 40 年他成为罗马第一位外籍执政官。

③ 最近关于古代宇宙虔敬论的简洁、明晰和优美的论述，参见汉斯·约纳斯（Hans Jonas）的《灵知主义的宗教》（*The Gnostic Religion*）第十章，"希腊人和灵知主义视野中的宇宙"，波士顿，1963。

出神圣的秩序)。① 或许最重要的是，这种宇宙观，至少这种视天体为神圣的看法在人们中间是如此地普遍，以至于可以认为它满足了人内心中的某种根深蒂固的需求或渴望。② 卢克莱修在卷 5 后面对宗教起源的说明中，将给出他自己的分析。眼前，在他已经独特地显露了其诗性性格的这一段中，暂时放弃对天上神灵的攻击，只是默默地指出人们内心中的宇宙——宗教情结的冲动是何等强烈。

这一卷的第四节讨论生命的起源，首先是植物，然后是动物。③ 动物在大地的子宫中被孕育产生出来，然后从大地洞开的脉管中会生出像乳汁一样的东西，给动物以养育；大地也为了新生动物的生存提供了其他一些条件，如温暖的气候（那时气候主要是温和的）。鉴于这些事实，卢克莱修强调说，大地值得拥有"母亲"这个称号。④ 她的能生育的时期会有止境，因为：

> 没有任何东西能始终保持原来的样子，万物都在变迁，自然改变一切，使万物变化。（V，830-831）

对于大地养育着动物的描绘，使得大地显得似乎是仁慈的，

---

① 见亚里士多德《尼各马可伦理学》VI，7，《形而上学》IX，6；柏拉图《法义》X。将《法义》X 和卢克莱修的观点作一比较，极其有益。因为柏拉图也论述了诸神信仰和恐惧惩罚之间的内在联系；那位雅典客人在对刑法典的详细论述中表达了他的神学。参见托马斯·潘戈（Thoms Pangle），"柏拉图《法义》中关于宗教的政治心理学"（"The Political Psychology of Religion in Plato's Laws"），《美国政治科学述评》（*American Political Science Review*）。
② "将天体或主要的天体神格化，在所有的古代宗教中（犹太教除外）都是最自然和最普遍的做法。"约纳斯，p. 255。
③ 序论：V，772-782；植物：783-791；动物：791-924。
④ 他两次提及这一点：V，795-796 和 821 以下。

善待着各种生类。现在卢克莱修则提醒我们说,这一切的发生都是没有任何目的的,因为大地也产生了各种各样的怪物,但自然却禁止它们增长,使得它们不能成长和繁衍。为了能生存下去,动物必须具有机警、勇猛或敏捷等品性,如机警保全了狐狸,勇猛保全了狮子,而敏捷则保全了麋鹿;或者,它必须对我们有用,从而受到我们的保护。如果不具备这些品性中的任何一样,那它就会为其他动物所猎杀,直到自然使其种类完全消灭。因此,自然的毁灭和大地的生产一起铸就了现存物种的品性。自然同样使得神话中的那些不同物种混杂而成的怪物,如肯陶洛斯①、喀迈拉②,以及什么黄金河流和巨人等,根本不存在。第四节乃最后一节的准备,在最后一节中,卢克莱修以两种方式来讨论人。

首先,卢克莱修告诉我们说,有些动物能存活下来是因为被托管在人类的监护之下;因此,我们必然会好奇,是什么使得人能存活下来。其次,由于卢克莱修否认所谓的世界的青年时期是令人称羡的黄金时代的说法,这使得我们必然想知道原始人的原初状态是什么。

人的处境和人事的发展,部分但不是全部按编年进行。三个主要的时期按编年进行安排:首先是对原始人的描绘,然后讨论前政治社会(即人们不是出于法律的强制而共同生活在一起)的起源,最后是政治社会的发展。然而,社会或政治的真正发展却预先假定了其他那些在其后被讨论的事物③:前政治社会的充分

---

① [译注] 肯陶洛斯(Centaurs):希腊神话中半人半马的怪物。
② [译注] 喀迈拉(Chimeras):希腊神话中狮头、羊身、蛇尾的吐火女怪。
③ V,1011-1027,1105-1160.

发展至少要求基本的语言① 和火的发现；而政治社会的发展则至少依赖于某些在这一节后面所讨论的技艺。因此，在首先讨论了原始人以后，这一节的划分如下：（1）前政治社会的发展；（2）前政治生活的发明或发现，即 a. 语言，此乃最重要或最典型的发明，b. 作为大多数技艺的基础的火；（3）政治生活的发展；（4）政治社会的发明或发现，即 a. 宗教，b. 其他一些技艺。一方面在说明前政治社会及其发明，另一方面又在说明政治社会及其发明，这两者的结构是平行的。卢克莱修在这一卷的纲要中指出了这种平行的结构以及语言和宗教在整个论述中的特殊重要性，在那里，他用了整一节的篇幅来刻画人，如解释人是如何开始使用语言，如何产生对神灵的恐惧的（V，71-75）。

对原始人的描绘主要是要同后来的人相比较。在这一段中，有大量的同现代人相比较的地方，以及对原始人所做的或不做的事情的阐述。这种程序是必要的，因为卢克莱修在这一卷临近结束的地方明确指出：我们关于人类过去的最古老的口头信息来自诗歌，而诗歌很久以后才被发明出来，因此，我们要了解过去所发生的事情只能通过理性的追溯（V，1440-1447）。理性必须从我们最熟知的东西——即人们现在正在做的事情开始；关于原始人的那些事实通过对在时间中的经验和发现的反思而被发现出来，于是人们就可以看清在大地上存在的第一个时期的人们必然会缺乏些什么，以及他们的生活特质是什么。这种比较的表达方式也开始引导我们的心灵去估价人类从开始到现在所发生的那些变化。

---

① 奥埃诺昂达的第欧根尼（Diogenes of Oenoanda）不同意这种观念，即认为某一个人教会其他人事物的名字。他认为，人们那时还不可能聚居在一起。

原始人的身体结构应当更大、更结实和更强壮。许多年以来，他们过着一种像野兽那样到处漫游的生活。他们不会耕种，也不会培植树木，他们靠大地自身长出来的东西为生，如吃橡树的果实和野生的梅子。那时世界正处于繁茂的青春时期，因此它能产生足够的食物；为了不让人错误地以为人类的处境犹如天堂，卢克莱修特意补充说，食物是"粗糙的"，但能"满足那些可怜的要死者"（V，994），他们靠溪流山泉间的水解渴，卢克莱修对此给了了迷人的描绘。他们还不知道使用火，也不懂利用毛皮和建造房屋；他们只能靠山洞和丛林来遮风避雨。每一个人的生活都是完全自我中心的：他们并不注意公共福利，也不懂得习惯和法律；运气给他带来什么，他就拿走什么。男人和女人的结合也是临时性的，家庭尚不存在。① 凭着被赋予双手双脚的惊人能力，他们用石头和棍棒追捕动物；他们征服了许多动物，但他们也需要避开一些动物。因此，早期的人类的保存是靠身体的禀赋（如速度和力量），以及那让他们能使用原始武器的聪明才智。

那时人们就像野猪一样赤裸裸地躺在地上睡觉，身上覆盖着树叶和枝条。在夜里，他们不会在恐惧中踟蹰徘徊，大声呼唤着白天和太阳，而是在安息中等待着黎明。由于他们已经习惯黑夜和白天的交替诞生，因此他们不会惊奇和害怕一个永恒的黑夜会把大地占领，太阳的光芒会永远消逝。对于他们，更大的忧虑和恐惧是夜晚、猛兽，如野猪或狮子的偶尔光顾。如贝利所指出的，对于人类摆脱对黑夜的恐惧这一主题的讨论在长度上"几乎

---

① 在 V，962-965 中对此并没有清楚的说明；但在 960-961 中被暗示了，并且在 1012-1013 中得到肯定。

不成比例"。① 在这一点上其重要性似乎有点让人迷惑；然而，稍后我们就会了解，对于世界，尤其是对天体的好奇和恐惧，正是人们信仰神灵的原因（V，1183 以下）。而现在这一段却是为了给出最初的人类不相信神灵的原因，因为在说明那些人的生活的时候，根本没有提及诸神（维纳斯除外）和宗教：对于太阳的规律性的运转他们丝毫不感到好奇，他们也不担心这种运转某一天会灾难性地终结。那时他们还没有思考天体规律性的运转的原因，或许他们还没看见过那将"未预料的大地蒙在黑暗中"（V，777）的日全食。他们还不会为了让白天重现而向某些存在者，如神灵呼求；但他们面对太阳的光芒可能会永远消逝而不感到恐惧，这却是基于无知。

通过对其死亡（与现在的人们相比较）的讨论，卢克莱修结束了对于原始人的论述。二者之间的比较，似乎第一眼就给人以一种旗鼓相当的感觉。卢克莱修宣称，与现在相比，那时并没有多得多的人带着哀号死去。他们常常死于野兽的攻击，甚至因为不懂得如何医治伤口而死去；但是，他们不会在战争中成千上万地死去，大海汹涌的波涛也不会把整船的人吞没，因为那时航海术还不为人所知。那时他们死于食物的匮乏，而现在的人却死于吃得太饱太多；那时他们因无知而经常毒死他们自己，而今天的人则高超地将毒药给别人。人们在那时和现在的处境通过一种形式上相当的方式被表达出来。在第一个，也是篇幅最长的比较中，很难判断说谁的情况更为糟糕。卢克莱修对于原始人的遭遇给予了极其可怕的描绘，说他们会被野兽活生生地吃掉，会因为致命的伤口得不到照顾而痛死；另一方面，战争的可怕相比而言却肯定要大得多。卢克莱修所使用的语言提醒我们，要记住他关

---

① V，973-981；贝利，III，1479。

于世界未来终结的可怕宣告。①

然而，在第二和第三个比较中，现在的人似乎明显处于有利的位置。原始人由于无知而做不了什么事情，以至于会饿死或不小心吃下某种有毒的东西；反之，现代的人却可以通过节制而避免任何因过度奢淫而导致的病痛，并且，如果他宁静、节制而无野心地生活，那他也能希望他人不会有太多的冲动去毒杀他。卢克莱修确实没有留下任何可能性让我们以为原始人的时代是黄金时代，也没有留下任何可能性让人渴望回到那样一种存在状态中。

接下来，在一个只有十七行诗的小段中，② 卢克莱修讨论了人的处境的变化，人们不再过着原始的像野兽那样的四处游荡、孤立的生活，而是开始定居，并与邻人结成朋友。人的身体和性情变得软化温和是这种变化产生的原因。茅舍、皮毛和火的获得，使得他们能稍许抵御风害；结果就是男女之间的结合变得较为固定持久，维纳斯（即比较频繁的性交）消耗了他们的精力；父母开始知道了自己的孩子，而孩子们的乖巧和甜言蜜语则摧毁了父母那高傲的性情。卢克莱修并没有讲清楚这些发展变化的因果联系，但是，能修建简陋的茅舍无疑导致人们能定居下来，而这就使得同一个女人一起生活成为可能和可望的事情；接下来父亲就会知道谁是他的子嗣。最早的原始人过着

---

① 比较 V，999-1000 "一天的功夫就葬送了成千上万在战旗下迈步进军的士兵"（at non multa virum sub signis milia ducta / una dies dabat exitio）和 V，94-95 "三个如此不同的形貌，如此的三个结构（即海洋、陆地和天空），只需一天就能够使它们全部毁灭"（tris species tam dissimilis，tria talia texta，/ una dies dabit exitio）。

② V，1011-1012；如果从大家所认为的 1012 后面丢失的那一行算起，也许是十八行。

一种孤立的生活,他们还没有家庭生活,家庭是经过了许多时间以后才发展起来的。原始人的那种状态究竟持续了多久并不清楚。卢克莱修在讨论中断言那持续了很多年(V,931),而这种说法能够与原始人进入家庭生活和前政治社会的时间相谐调。家庭起初并不存在,它和它所需的条件都是经过了发展才产生出来的;然而,从这个事实中,一个人并不必然就得出结论说,家庭不是自然而然的。不像早期的近代政治哲学家如霍布斯、洛克和卢梭那样,卢克莱修从未将人的原初状态称为"自然状态",以便同后来的"公民社会"相对照区别。事实上,卢克莱修揭示了从孤立的生活到家庭生活的过渡是自然发生的,即通过人的各种发现,这些发现能让生活不至于那么艰辛;通过一种自然的倾向所发展出来的对其子嗣的眷顾,而这种眷顾使得孩子们能让其父母关爱他们。①

家庭生活产生出来以后,简单的前政治社会开始发展。邻人们彼此相帮而结为朋友,不愿再损害别人也不受别人的损害;他们也代孩子们和妇人们向人求情,吃吃地用叫声和手势指出,对于弱者,大家都应该有恻隐之心。② 完全的和谐还不能得到,但大部分人都完全(caste)遵守信约,否则人类早已完全灭绝。人们不得不学习去过社会生活;如果他仅仅依照自己直接的爱好冲动行事,那他就会想做什么就做什么,不会考虑从一棵树那里获取东西与从一个弱者那里强取东西有什么分别。对于人类而言,为了能和平共处,他们不得不制定契约(foedera)。卢克莱修指

---

① 卢克莱修曾指出,其他的动物(如母牛)自然会眷顾其子嗣(Ⅱ,352以降)。

② 我们认为,这里的"吃吃地用叫声"(V,1022)指的是那时语言的原始状态;贝利(Ⅲ,1485)则认为指的是孩子们的话。

出，人们制定这样一些契约，有着一种自然的基础：人们渴望和平和友谊，以及有着某种关爱弱者的自然倾向。契约并不被完全遵守，卢克莱修没有告诉我们什么时候以及哪些人会违背契约，但我们能猜测到，这种事情会发生在因气候变迁或人口过剩所导致的食物短缺的时候。卢克莱修也没有指出，是否存在着某种强制力迫使人们遵守这些契约，然而这些契约却大多被遵守。之所以会出现这样一种幸福状态，是因为天性并不残忍的人已经变得越来越柔和、温顺；他们的需求仍然还是很有限的，还不可能出现野心和贪婪。大多数时候人们还没有要彼此竞争和彼此伤害的动机。

在卢克莱修的论述中，前政治社会得以发展的根本因素是制定契约，以免伤害他人或被他人伤害。这类契约同伊壁鸠鲁关于正义的定义相一致：

> 正义绝不是就其自身而言的，而是处理人与人之间的关系的……它是人们避免相互伤害的约定。①

然而，卢克莱修没有将前政治社会中的这种契约称为正义，而是称为友谊。伊壁鸠鲁则将友谊视为不同于正义的东西，并认为它在等级上更高。同正义一样，友谊也可以从利益的算计中产生，但就其自身而言，它就是值得选择的；② "在智慧所提供的保证终身幸福的各种手段中，最为重要的是获得友谊"。③ 卢克莱修

---

① 《格言集》33。
② 《梵蒂冈箴言集》23。
　[译注] 原文是："任何一种友谊其自身就值得渴望，但友谊的最初动因却出于利益。"
③ 《格言集》28。

似乎将正义留给政治社会,在那里,对于人的行为的限制是靠法律(lege)和正义(iura)的准则,它们用惩罚来迫使人们遵守。卢克莱修称前政治社会的契约是友谊,因为根据伊壁鸠鲁的定义,正义有着和友谊同样的内容,那些契约像友谊一样是出于自愿,而不是被迫。

前政治社会时期一个重要的方面似乎就是人已经过上了幸福的生活。显然,他们的处境同大地上早期的那些原始人的生活条件相比,已经有了很大的改进。唯一相对不利的是人变得较为温和,以及接踵而来的额外欲求。但是,这些欲求还很有限,也容易得到满足;至少,能免受风寒的侵袭① 可以平衡这种小小的不利。卢克莱修向我们指出了家庭生活的幸福,以及出于自愿的约定而与邻人和平相处的快乐;此外,我们还可以想象,人们的公共生活使得他们可以免受原始人时时面临的野兽的侵袭。同随后而来的政治社会相比,这一时期的生活也具有很大的优势。尽管关于政治社会中的各种弊病(前政治社会幸免于此),卢克莱修在其关于政治社会的起源及其发明② 的论述中才给予讨论;然而,在他先前关于人们的自然需求和人们现在的实际欲求的对比的基础上,③ 我们已经能够看清前政治社会的主要好处。在人类的早期,人们对事物的需求被限制在生活的必需,以及真正能给身体带来快乐的那些东西上,不存在着那些无限制的徒然的欲求,以及为了满足这些欲求的各种烦心和焦虑。尽管前政治社会

---

① 卢克莱修在后面指出,风寒常常折磨着赤身裸体的原始人。
② 法律引起了对惩罚的恐惧(V,1151-1160),对宗教的恐惧(V,1161以下),各种不必要的欲求,以及接踵而来的操心,甚至战争(V,1409-1435)。
③ Ⅱ,序诗,尤其是11-22。

中的这种幸福生活,乃是受自然而不是受徒然的欲求所支配的,但卢克莱修并没有将这种状态称为自然状态,也没有将这种生活方式称为是根据自然而生活。因为他们将自己的欲求限制在那些天然就好的东西之上,并不是出于对自然有所知以后的明智选择,而是源于无知以及对其他事物缺乏了解。一旦那些人开始熟知新的事物,他们就会改变他们的生活方式。

在论述完前政治社会的发展以后,卢克莱修转而讨论与其发展相关联的两项发明,即语言和火。① 这种关联的真正原因并没有被解释:基于我们先前的考察,我们会说,火是让人们的身心变得温和起来,从而一起共同生活的一个原因;而人们一起共同生活则是语言得以发展的前提条件;接下来,对于能制定标志着前政治社会得到充分发展的友好契约来说,语言则是必不可少的条件。因此,对于语言和火的讨论,与其发生的次序正好相反;这里的语言,后面的宗教,这两者都得到了特别的关注。在讨论语言的这一节中,首先提出了导致语言得以产生的两种机制:"自然(physis)促使人们发出舌头的各种声音,而需要和使用则形成了事物的名称。"(Ⅴ,1028-1029)

伊壁鸠鲁同样将语言的产生和发展归于两个原因:(1)自然促使人们发出反映其感觉和情绪的声音;(2)为了表述起来更加精确和简洁,经过深思熟虑和约定(thesis),从而给事物加以固定的名字。② 卢克莱修将需要和使用作为语言得以发展的一种机制,这肯定包含着伊壁鸠鲁那里的第二个原因,即协议或约定。

---

① Ⅴ,1028-1090;1091-1104.
② 《致希罗多德》75-76。伊壁鸠鲁还提到了第三种情形,即人们对于那些看不见的事物的命名。贝利比较了卢克莱修和伊壁鸠鲁的论述(Ⅲ,1487-1491)。

对于约定他仅仅在这里有所暗示,而在这一段剩下的部分他都只讨论语言的自然生成。

人第一次试图说话,就犹如处于不能说话阶段的孩子运用手势指眼前的东西,"因为每个人都能感觉到他的那种能力(即说话)有什么好处"(Ⅴ,1033)。同样,年幼的动物在它们能有效地使用其身体官能以前都在试着使用它们。前面曾讨论过身体各种官能(Ⅳ,823-857),包括各种感觉器官在内的身体的各个部分首先被产生出来,然后才产生出它们的功能;这一段对此增添了一些细节:动物感觉到了使用它们的某种能力的可能性,这种可能性促使它们试着使用它们,然后那种能力就被发展出来。就人的说话而言,这里谈到的这种能力一方面指人类具有强有力的声音和舌头,另一方面指的是人的独特的理解能力(Ⅴ,1057)。一个婴儿甚至在他试着使用声音和舌头之前,他会指着对象,这必然表明了他对于这种理解能力的感觉。卢克莱修没有讨论这种能力产生的原因,而是似乎将人的心灵的这种特殊禀赋当作生而具有的。① 那就是为何卢克莱修会将语言的产生看作并不奇异和神秘的事情;反之,卢梭却长篇累牍地说,要理解语言是如何产生的是一件极其困难的事情。② 卢克莱修对于语言的第一种看法使得语言的产生就如雏鸟学习飞翔一样自然。

接下来卢克莱修反驳了关于语言的一种极端、但并不荒谬的看法,即认为语言的产生仅仅基于约定;他们认为有人给周围的事物命名,然后将之告诉他人。这是不可能的,原因有四:首

---

① 在Ⅲ,753那里,卢克莱修指出,"有智力"和"有理性"是人类心灵本性中的特性,也是区别于动物心灵的地方。
② 《论人类不平等的起源和基础》,《全集》(*Oeuvres Complètes*),巴黎:Bibliothèque da la Pléiade,1959-1969,Ⅲ,146-151。

先，为何他能给事物命名，而其他人却不能那样做？其次，如果其他人都不能那样做，那他又从哪里得到了语言使用的概念，并在心灵中看见他所要做的是什么？人不能创造语言，犹如神不能创造世界；① 由于知识奠基在感觉之上，奠基在对于存在的事情的经验之上，因此，对于任何新的发明来说都必然在自然中有着某种基础。第三，一个人很难强迫一群人学习和接受他对于事物的命名。最后，"教导和劝说聋子这必须做的事情，绝不是一件容易的工作"②，而他们（即聋子）也不会容忍向他们的耳朵灌进其前所未闻（即未被理解）的语音。讨论语言的最后一部分（Ⅴ，1056-1090）指出，在人类能够说话这件事情上不必大惊小怪，因为不会说话的动物也会根据它们的不同的感觉和情绪而发出不同的声音；一些鸟儿甚至能随气候的变化而改变它们的歌声。

卢克莱修关于语言的论述最多解释了它最单纯的（自然）起源；正如伊壁鸠鲁所说的，以及卢克莱修本人所指出的"需要和使用形成了事物的名称"，语言的发展显然要求对于事物名称的习惯约定。卢克莱修绝不否认"约定"所扮演的重要角色，但他最关心的却是自然所扮演的原初角色。我们必须搞清楚他为何要那样做。一个原因乃出于与真正的理论相对立的宗教。正如我们前面所指出的，荒谬的宗教信仰的根源之一就是对万物的好奇。

---

① Ⅴ，1049 与 Ⅴ，183 几乎完全相同。
② "那不是一件容易的……"（Ⅴ，1053）本应用过去时，但在这一段中用的是现在时，这必然让人想知道这种断言与现在的某种关联。卢克莱修自己的工作类似于劝说聋子：他正试着教导某种让人感到悲哀和苦涩的理论，这种理论人们根本不想听；但是，他的工作因诗歌而变为可能，因为诗歌所表达出来的是人们听说的事情（即人们熟知的事情），或者说，是用这些事情来开始的。

当我们思考在人类的原始条件和他们现在的存在之间有着多么大的差异的时候，已经出现的那些发展变化很容易让人感到惊奇（mirum）。这必然强烈地诱惑人们去认为，必然是某个聪明而深谋远虑的存在者，某个神灵将那些伟大的发现教导给人的。卢克莱修通过解释那些事情的自然起源来反对这种诱惑；他尤其关心的是剥去那些事情起源的令人感到神秘的外衣，为了实现这一点，他借助于揭示那简单、容易理解和自然的方式，正是在这种方式中，那些惊心动魄的发展开始了。因此，在讨论语言的时候他问道："在这件事情上有什么值得惊奇……"（V，1056），并得出结论说，动物也会发出不同的声音，因此，"人当时能够用不同的声音来表示不同的东西，那是多么的合理"（V，1089-1090）。

在接下来对火的讨论中，[①] 卢克莱修通过解释火的单纯的自然起源而迅速地处理普罗米修斯将火种带给人类的神话：闪电或在风的吹动下，树木之间产生摩擦而导致了火的产生。与对在语言发展中约定所扮演的角色的讨论一样，他一旦阐明了火的起源，就无心再给予更细致的论述，如：为何后来人们只要需要火的时候，他就能将火产生出来。在卢克莱修对政治社会及其各种发明的发展的讨论中，我们也将发现他主要集中讨论其单纯的自然起源。

卢克莱修之所以关注语言的自然起源，忽略（尽管不是否定）协议和约定在其发展中所扮演的角色，最简单和最一般的原因在于：这部诗是"物性论"（de rerum natura），即论万物的本性、论万物的自然性。[②] 根据伊壁鸠鲁和卢克莱修，自然（本

---

① V，1091-1104，这部分结束了对前政治社会时期的讨论。
② 雅各布·克莱因（Jacob Klein）已经指出，《物性论》一书最主要的意义和影响是在"论万物的自然性"（打印稿"论自然的本性"，St, John's College, Annapolis, Md., 1964）当中。

性）的知识是人能幸福地生活所最需要的东西。徒然的欲求（即非自然的欲求）、错误的恐惧和荒谬的意见是导致人的苦难不幸的原因之一；它们都处于不断的变迁之中。然而，自然（本性）却是永远同一的；它是万物得以产生、发展和毁灭的永恒而终极的原因。自然（本性）的科学或知识（naturae ratio）是唯一的真的知识，是对于万物，包括人类的最高和最充分的理解。人所做的一切事情，无论是发现还是发明，都有着自然的起因。语言自然地产生了，而一旦它存在了，真实的言说和虚假的言说这两者都成为可能；前者根据自然（本性）言说或真实地言说自然（本性），而后者则是违反自然（本性）的，因为它歪曲和隐瞒了自然（本性）。

但是，即使是最荒谬、最违背自然（本性）的言说，即错误的宗教观念，在自然方面（它只能为自然的科学所理解）也有着某种基础或起因。如果那些最重要和最有影响的人事（包括那些在某种意义上违背自然的东西），其存在根本不依赖于自然（本性），那么，除了自然的知识以外，人们还必须寻找另外的原因来说明它们（宗教神话、自律的伦理学、历史）。卢克莱修否认还有其他的某种原因会是真的知识（ratio），能引导人过上最幸福的生活。自然总是临在着，并起着作用；即使它被驱离人的思想和生活，它也总是会回来的。

这些考察能够让我们较为完整地回答前面所提出的问题，即卢克莱修为何既不称原始状态为自然状态，也不称前政治社会的状态为自然状态。这些状态都是从自然的原因中变化出来的。在前政治社会中，大多数人都可以比以前更幸福地生活；但他们没有荒谬的宗教是因为他们对自然（本性）的无知，而他们的生活方式将不知不觉地为自然（即他们的人的本性、世界的本性，以及这两者的交互作用）所改变。唯有基于自然（本性）知识的生活才是在根据自然而生活（他并不否认这样一种生活，会同每一种生活和每一件事物一样，都将会为自然所毁灭）。

现在，卢克莱修开始讨论政治社会（这是一种靠规则和法律进行强制性统治的社会）的发展。就所要讨论的事情的数量和重要性而言，同对前政治社会的发展的讨论一样，这一段也十分简短和精要（Ⅴ，1105-1160）。如前面所指出，这一卷的整个剩余部分（论政治社会、宗教和各种技艺）的结构平行于前面对前政治社会、语言和火的讨论。宗教和各种技艺的发展与政治社会相关联，对于它们的了解将是我们理解政治社会的必要条件。

远离前政治社会的这种发展，开端于那些智慧较多的人① 教人如何利用火以及其他的新发现，以改变他们以前的生活方式（vitam priorem）。这里要改变以前的生活方式的这种想法，让我们想起了卢克莱修在这一卷前面所声称的，即诸神从不改变他们以往的生活："因为显然，那为旧的东西所苦的人，才乐于寻求新的东西。"② 卢克莱修没有指出那些"新发现"是什么；但是，从它们与火一起被提及，我们可以推论出他所说的新发现就是那些对生活有帮助的技艺的新发展。人愿意采纳那些新发现表明他们似乎得到了真正的进步，至少在一个有限的意义上，超越了主导前政治社会的那种生活方式；这些新发现无疑让生活变得更加舒适，提供了更丰富的食物。技艺中的这种进步是政治社会得以存在的前提。

然后，国王们开始建立城市和建筑堡垒，作为自己的根据地和庇护所；他们把牲畜和田地分给各人，

---

① "智慧较多的人"（Ingenio qui praestabent）；因此，这些人与伊壁鸠鲁属于同一类人，尽管他们比伊壁鸠鲁要差一些；因为伊壁鸠鲁"其天才的智慧远远地超出了全人类"（genus humanum ingenio superavit），Ⅲ，1043。

② Ⅴ，169，"改变以往的生活"（vitam mutare priorem）；170-171。

> 按照个人的美丽、体魄和智力；因为在那时，美丽很被重视，而体力也有它自己的极高的权利。（Ⅴ，1111-1112）

后来，财产和黄金的出现剥夺了美者和强者的荣誉，

> 因为人们不论相貌如何漂亮，体力如何强健，一般都会听从富人的智慧。（Ⅴ，1115-1116）

在这几行诗中，对于那巨大的变化卢克莱修依然只有寥寥数语。人们会好奇那些国王们是谁；从上下文中，或许我们能想到他们就是那些智慧较多和教导新发现的人。卢克莱修没有说明他们是如何成为国王的：是通过说服，让人们相信拥有属于自己的牲畜和田地以及有统治者可以带领大家保卫家园的种种好处（如果未来的国王因教导了某种可以给人带来福利的新发现而让人感恩戴德，似乎那样一种说服是很容易实现的）；还是通过强力，即在某种新式武器的帮助下，公然违背前政治社会的契约；或者是通过欺骗，如宣称君权乃神授。无论他们用哪种方式成为国王，他们都完全意识到他人起来造反的可能性，所以他们会为了保护自己而建筑堡垒；正如卢克莱修接下来所指出，他们曾为人所惧①（Ⅴ，1140）。划分牲畜和田地的最初标准是美丽、体魄和智力；在随后的重复中，卢克莱修却没有提及智力，这或许是因为同前两者相比，对智力的判断要困难得多，而美丽和体魄被看成是最值得奖赏的品质。这些品质的获得乃出于自然，没有任何必要去反对别的人；与之相对的是财富的获得，这也是最具代表性的，那是通过用某种方法从他人那里取得的。

---

① ［译注］这里完整的意思是，显赫不可一世的国王们曾让人感到恐惧，而他们也担心着某一天会被推翻。

卢克莱修中断了关于这些发展的讨论,指出人们听从富人的指挥并不合理:

> 但是如果一个人以健全的理性作为生活的指导,如果知足地过淡泊的生活,那他就是拥有大量的财富。(V,1117-1119)

卢克莱修这里所说的"大量的财富"才是真正的财富,不是人们通常所说的钱财,是寻求那真正的和出乎自然(本性)的好。他同意关于财富的通常观点,即财富是某种好的东西;但他不同意人们关于财富的流俗内容。因此,"大量的财富"最为完整的意思是好(善)的生活、依乎自然(本性)的生活。这种生活仅仅要求适度的物质财富,却首先要求内心的平静(aequus animus),而内心的平静只在拥有了健全的理性以后才能获得。① 因此,把一切别的东西都抛开,而首先去认识万物的本性就是很合理的事情(Ⅲ,1071-1072),因为或许我们真正所需的东西原本就很少,② 甚至连这"少许的东西也绝不缺乏"。这最后一个声称现在或许是真的,但并不永远为真,原始人就死于事物的缺乏。③ 并且,在政治社会这个时期,农业已经发展起来了,而物需的匮乏在前政治社会中却肯定存在过。为了能有依乎自然的好(善)的生活,必然需要哲学,但哲学却有赖于那只能存在于政治社会中的闲暇。

在指出了追逐财富的不合理性以后,卢克莱修解释了人们那样做的动机。他们寻求财富是为了名声和权位,

---

① "内心的平静"(aequus animus)乃"真正的财富"的最主要的内容,正如"心灵的平静"(pacata mens,V,1203)是"真正的虔敬"的最主要的内容;它们似乎是同一件事情。
② Ⅱ,序诗,16-53。
③ V,1007,"食物的缺乏"(penuria cibi)。

以便他们的好运在坚固的基础上能永远安稳地存在,以便他们自己能应有尽有,平静安乐地生活。(V,1121-1122)

卢克莱修在前面曾用完全相同的话解释说,对于财富和名声的追求是因为对于死亡的恐惧:

因为丑恶的耻辱和凶暴的贫困看来和有保障的甜蜜的生活离得很远,他们正像在死亡门口悉索颤抖着的形骸。(Ⅲ,65-67)

从这卢克莱修没有加以解释的原因中,人们现在感觉到有必要努力去过一种有保障的和平静的生活,他们有了一种对于生活和幸福的新的危险意识和新的恐惧。卷3序诗中的这一段表明,人们现在已经开始害怕死亡,而这才是他们追逐财富和名声的最终原因,或许语言和各种技艺的发展第一次使他们变得更加深谋远虑。在对于宗教的讨论中,卢克莱修将向我们显示一些其他的方面,在那里,人意识到了他们处境的可怕。无论如何,对于危险的某种新的意识使得人们产生了获取权力和名声的新企图,然而,这些也会带来与其预期的结果相反的一面。渴望出人头地、声名显赫,这导致了人与人之间的激烈竞争,因此,通往最高名望的道路就是极其危险的。即使一个人最终攀上顶峰,他也没有到达安全的地方,因为妒忌会将他从峰顶抛入"可怕的地狱"(in Tartara taetra,V,1126)里;妒忌会像雷电一样,总是轰击那比别处高的地方。卢克莱修用在宗教神话中才使用的恐怖字眼,深刻地强调了妒忌加予人的可怕恐惧。

从竞争和妒忌带来的危险中,卢克莱修为我们得出结论:人不要有野心。这个结论与对于追逐财富的劝告(他以此开始了他对政治社会的讨论)正好达成了平衡。安静地服从胜于一心想做主宰；野心只会徒然地让人筋疲力尽。

> 因为他们的智慧都是他人口中借来的（alieno ex ore），他们寻求的都是听来的；而不是他们自己所经历的。这种愚行并非现在甚于从前，也不是将来会变得更厉害。（V，1132-1135）

因此，仅仅在他对于政治发展的论述中，卢克莱修谴责了政治上的热情，即渴望去统治。统治并不真正有益于统治者，他以为有益于自己的东西仅仅是道听途说，并不是通过自己的经历而真正领会的事情。人本质上乃个体的存在者，有益于他的东西一定会对作为自然个体的他有着真正的影响。那至高无上、让人趋之若鹜的位置（即成为统治者）的好处仅仅存在于他人的口中，寻求这种虚假的好处的人已经将他自己的独立性交予他人，因而也是他本人的异化。一个人也可能因为渴望自己的自由得到保护才去寻求政治权力，然而，这种权力本质上就依赖于他人，并且，对它（即政治权力）的热衷会让他习惯于为了他人而生活。因此，它会破坏心灵的内在的自律，而这种自律才是真正的自由与和平的关键要素。① 用那种方式去生活完全不同于依照自然（本性）而生活，这一定有着某种有力的原因，它使得人们停止为自己（为真正的幸福和快乐）生活，而试图为了出于他人口中的某种东西而生活。这个原因使得人们（或多或少意识到了）希望忘记他们自己，逃避他们自己，正如我们在卷3中所了解到

---

① 卢克莱修在前面将政治权力刻画为徒具虚名而从不能获得的东西（Ⅲ，998）。换句话说，它从来不能被完全获得，但却使人陷于依赖他人的持续焦虑中。真正独立的重要性在卢克莱修对于爱请（情欲）的谴责中也被唤起；爱情所带来的各种不利中，其中一个就是"看他人的眼色来生活"（Ⅳ，1122）。

那样,正是对死亡的恐惧导致了这样一种结果。①

对于财富、权力和名望的充满野心的竞争和追逐是违反自然和理性的,但结果又是强有力的。首先它导致了国王们被民众用暴力推翻;他们昔日那让人畏惧的王冠,现在却被民众急不可耐地加以践踏。然后一切都陷入混乱无序中,每个人都为自己寻求统治权:

> 之后,他们中间有一些人就教人们去设立官吏职司,制定法典,使大家同意遵守法规。因为人类已经十分厌倦去过那种暴力的生活,已苦于彼此厮杀;因此人们就更容易自愿地服从法律和最严格的典规。因为,既然以往每个人在盛怒中都准备进行一种比公正的法律现在所准许的更为厉害的复仇,所以人们就厌恶过暴力的生活。(V,1143-1150)

人的处境因他们的盛怒而变得如此混乱,以至于人类"自愿地"(ipsum sponte sua)② 接受了法律,也就是自然地,几乎是自动地接受了法律。卢克莱修强调并解释了法律是自然而然地产生的,以此来反对许多城邦所持的那种观点,即认为他们的法律是神圣的,是某位神灵赐予的。③ 生活的混乱来自人们彼此之间的敌

---

① 尤其见Ⅲ,1053-1075,我们对那一段的讨论在第3章。
② 卢克莱修使用短语"自愿地"来表示那些自然而然的事情,如原子互相撞击的运动创造了世界(Ⅱ,1058-1059),没有神灵干预的自然自己的活动(Ⅱ,1092),大地生产出植物(Ⅱ,1158),这些都被贝利所引证,Ⅱ,1058(Ⅱ,967)。
③ 例如,我们在柏拉图《法义》中了解到,克里特人将他们的法律归诸宙斯;斯巴达人将他们的法律归于阿波罗;罗马的国王努玛则宣称他从女神埃格西娅(Egeria)那里得到他的法律(李维,Ⅰ,19.5)。

[译注] 努玛(Numa):罗马奠基人罗穆鲁斯的继任者,罗马的第二任国王,传说在他的统治下,罗马享有了很长的和平。

意；救治这种处境的不再是那存在于前政治社会中的友谊，因为竞争和难以平息的无止境的欲求已经在人们中间扎下根来。现在所需的是某种新的、公正的东西，即法律，它用惩罚来迫使人们遵从。

鉴于在法律产生以前的那样一种可怕的混乱状态，这种状态几乎可以毫不夸张地被称为是所有人对所有人的战争；因此，人们或许原以为卢克莱修会对法律给出某种积极的肯定。相反，卢克莱修却说："从那时起，对惩罚的恐惧就玷污了生活的一切奖品（胜利品）。"（Ⅴ，1151）将法律所禁止（要给予惩罚）的东西称为是"生活的奖品"① 这让人吃惊，甚至有点骇人听闻。由于卢克莱修刚刚才谴责完追逐财富、权力和名望，认为那是不合理的，对它们的追逐将让一个人陷入对惩罚的恐惧之中，（现在他的这番论说）就更加让人吃惊了。如果一个人过着一种遁世的、伊壁鸠鲁式的哲人生活，他需求有限，无甚野心，当然不会去做任何暴力之事。但是，法律所要求的不仅仅是禁止人暴力犯罪，它还要求人进行正当防卫，或者为保卫祖国随时准备挺身而出。② 卢克莱修从未在任何地方说，政治社会没有，甚至不应该提出这样的要求。在那种情形下，哲学家要么暂时不得不放弃他的生活方式，要么让他的生活的"奖品"（praemia）为对惩罚的恐惧所玷污。如果一个城邦的法律要求所有的公民都必须持有一些确定不移的意见（信念），如对于神灵的，显然，对惩罚的恐惧定将玷污哲人们的生活。

---

① 阿尔佛雷德·埃尔努（Alfred Ernout）为了避免这个问题，毫无理由地将"生活的奖品"（praemia vitae）翻译为"生活中的应受谴责的欢乐"（joies coupables de la vie），卢克莱修《物性论》，巴黎，1964，Ⅱ，92。

［译注］作者之所以这样说，是因为从上下文来看，卢克莱修这里所说的"生活的奖品"（praemia vitae）就是指犯罪得来的东西。

② 比较Ⅰ，42-43与Ⅱ，641-643。

在卢克莱修看来，对惩罚的恐惧确实影响了那些违法犯罪的人。暴力和伤害一般都会回头反噬那发端者；一个破坏了公共安宁的盟约的人，很难过上一种镇静安详的生活。因为，即使他逃避了神和人的眼睛，也不敢保证其罪行能永远被隐藏；传说中许多人常常在睡梦中或在疾病中发出吃语，从而将自己暴露，让往日的秘密和罪行大白于天下。卢克莱修这样论证的目的在于，指出犯罪与幸福的生活完全不相协调，因为犯罪的人终日担心有朝一日会被发现。卢克莱修对于他所举的例子并没有丝毫的言过其实，而只是给出了最低限度的说明：对于犯罪而不被发现的这种可能性，他悬而未决，他给出的仅仅是许多人暴露他们自己的传闻。这里关于避免犯罪的论证，可以说服那些理解并接受卢克莱修全部教导的人，如果他们需要某种确信的例证的话；但是，对于那些依然热衷于财富和名望的人来说，就没有多大的效果。这里提及了逃避神灵的注意，卢克莱修用它来暗指某种宗教信仰，它认为神灵对于人的生活充满兴趣，并且反对那些为非作歹的人。伊壁鸠鲁主义曾说神灵悠然自得、与世无争，与人毫不相干。一个人会好奇，这种教导是否并不能真正阻止那些没有理解和接受其全部教导的人去违法犯罪。

卢克莱修讨论政治社会最惊人之处，是他对政治社会的鄙视。就此而言，他完全站在亚里士多德政治哲学的对立面。例如，对于亚里士多德来说，政治社会自身就有着积极的价值：城邦为了人的生活才得以产生，而且它的存在是为了优良（善）的生活。建立城邦的目的绝不仅仅是为寻求互助以防御一切侵害，也不仅仅是为了在商业行为（财产）中寻求公正而结盟，因为城邦乃家庭和部落为了过上优良（善）的生活而结成的共同体。①

---

① 《政治学》1252b 30—31；1280a，1280b。

卢克莱修没有论述说，城邦仅仅是为了共同防御和避免彼此伤害而成立的一种契约形式，但是，也没有任何证据表明，他认为城邦将实现任何另外的善的目的。为优良（善）的生活提供真正实质性东西的（不仅仅是必要的前提条件），不是城邦和它的强制性的正义，而是自觉自愿的友谊。伊壁鸠鲁像亚里士多德论城邦那样论友谊：

> 任何一种友谊其自身就值得渴望，但友谊的最初动因却出于利益。①

根据卢克莱修本人的论述，法律的建立似乎是相对于先前那混乱无序状态（人们会想在那里无人和平静地生活）的一种进步。然而，他没有明确论述说法律给人带来的好处，只说出了惩罚所带来的新恐惧。② 卢克莱修将谋求统治权描绘为完全不合理和徒然的；是否统治能以一种高贵的方式发展某个人的才能，或者统治能为他人谋福利而值得褒奖，对这些想法卢克莱修甚至根

---

① 《梵蒂冈箴言集》23。换句话说，友谊固然是作为达成安全目的的手段而产生，但它却为幸福本身提供了实质性的保证（《格言集》27；《梵蒂冈箴言集》52）。

② 在卷 6 的序诗中，法律又被提及。雅典曾带给世人三件好的东西：谷物（种植）、法律和伊壁鸠鲁给予生活的甜蜜慰藉。法律身居其一，在这里法律得到完全不同的对待，因为它被看作哲学得以可能的条件之一。哲学不可能存在于混乱无序的处境中，因此，为了让一种本质上属于个体的哲学的生活成为可能（正如前面我们提及的，谷物和农业也是一种必要条件；参见注释202），相对稳定的政治秩序是必要的。相同的意思卢克莱修在Ⅰ，41-42 中也谈到，说他不能在国家多难（iniquus, in-aequus）的时日里思绪平静地（aequus）从事他的工作。这些事实都不能改变卢克莱修在卷5里对于法和政治本身的看法；这仍然是真的，即哲学家尽管希望（或祈祷，Ⅰ，29-40）一种好的政治环境，但他并不会积极地从事政治。

本没有讨论就加以拒斥。相反，他力劝人们致力于对物性的研究，去过一种远离政治事务的生活。

一个人如果同意这样一种生活是最好的生活，那他就会想，对于一个关心政治的人来说，审慎的论证能够被给出。相对稳定的法律肯定要比无政府状态和战争状态更能导致那样一种生活。如果法律受到威胁，采取一些政治行为来支持法律的统治，似乎是在各种情形中唯一合理的。① 卢克莱修对此也没有给予讨论，他似乎也拒绝这种立场。② 在政治领域（为了制止那些追逐徒然目的之人，强制和虚假的意见是必要的）和个体的私人生活（指向自然的快乐）之间，存在着极其巨大的鸿沟。一个哲人为了有可能实现某种可疑的和只有次要价值的政治目标，而试图从事某种政治活动，这将会使他放弃理性选择的生活。由于政治事件可能有灾难性的后果，一个人最好的选择就是过一种自足的和独立的生活，这种生活只能存在于不显眼的、节制的远离政治的隐居中。

在讨论完政治社会以后，卢克莱修就直接转而讨论宗教，讨论宗教为何会产生以及何以会得到传播。卢克莱修的诗歌旨在驱

---

① 阿纳尔多·莫米里阿诺（Arnaldo Momigliano）在《罗马研究杂志》（*Journal of Roman Studies*）第31期（149-157，1941）中对法林顿的《古代世界的科学和政治》（*Science and Politics in the Ancient World*）给出了评述，他指出，许多罗马的伊壁鸠鲁主义者——其中最著名的是卡西乌斯（Cassius）——都积极从事反对恺撒的政治活动，当然其中也有少数几个人站在恺撒那一边。

② 另一方面，也许卢克莱修故意夸张这种论证，这种论证根本就反对任何的政治活动，如修辞学、窥心术等。在具有较高能力和杰出地位的人身上，往往政治野心也很大；对于美姆米乌斯而言也是这样。因此，为了有益于这些人，卢克莱修尽可能地反对这种野心，以便克服它以及相应的假象，即以为通过政治，一个人就能获得最优良的生活。

散人们对宗教的恐惧。由于根据通常的观点以及许多政治哲学家的意见,① 宗教能让人变得正义;因此,卢克莱修的做法似乎让人觉得在道德上很成问题。为此,卢克莱修首先辩护说,宗教更常常是各种罪恶行径的原因,他还用极其生动感人的笔调对此进行了描绘;其次,他论证说,那些罪恶行径都源于对死亡的恐惧,而死亡的恐惧却是因为害怕地狱中的永恒惩罚。② 然而,事实上宗教确实能部分有效地阻止人们去违法犯罪;正因为这是显而易见的,所以卢克莱修尽管从未论述这个事实,但他也没有明确地加以否认;并且,正如我们前面已经指出的,③ 他的论说足以让细心的读者明白他完全意识到了这一点。因此,卢克莱修真正想捍卫的是,同通过宗教信仰和其他的错误意见的误导而获得的幸福相比,他的理论(ratio)对于那些完全掌握了它的人来说,能够让他们过上更加幸福的生活。

宗教的产生及其性格同政治社会的产生及性格有着内在的关联。本质的联系是,两者的性格都是全然由对惩罚的恐惧所铸就的。随着法律的产生,政治社会得到了充分的发展,卢克莱修在描绘这点以后,指出了政治社会的特性:"从那时起,对惩罚的恐惧就玷污了生活的一切奖品(胜利品)。"④ 而宗教则既让人恐惧死后的惩罚⑤(卷3和卷4的教导已经为我们驱散了它),也让

---

① 在数不清的可能的例子中,柏拉图的那位雅典客人就声称,对法律的遵守有赖于相信神存在,相信神关心人的事务(《法义》X,885b)。
② Ⅰ,80-101;Ⅲ,59-86。
③ 见我们在第3章中关于大地母亲(Ⅱ,600-660)、卷3的纲要(Ⅲ,31-93)和地狱(阿克戎,Acheron,Ⅲ,978-1023)中的惩罚的讨论。
④ Ⅴ,1151;人们会想,对惩罚的恐惧在国王的统治下已经存在,但却不存在于自愿结合在一起的前政治社会时期。
⑤ Ⅰ,111;Ⅲ,1014,1021。

人恐惧这个世界中的诸神所降的惩罚。① 就在这一节前,卢克莱修提到了那种恐惧,他说诸神与违法相关联。他没有公开论述宗教与政治社会之间的内在关系,但是,他通过对这一节结构的安排(宗教对于政治社会,犹如语言对于前政治社会)指出了这一点。他对宗教的讨论同样表明了这一点。卢克莱修说,他将解释:

> 是什么原因把神灵的神威遍布在许多伟大民族中间,使城市充满了许多神坛,教人每年举行庄严的仪式。(V,1161–1163)

这些仪式现在仍然盛行着,而且人类心中的恐惧(horror)又使得新的神庙在各处高高升起,并驱策人们在节日成群结队去参拜它们。对神灵的信仰"遍布在许多伟大民族和城邦中间",表明宗教正是政治社会时期的东西。在我们对卢克莱修关于宗教讨论的分析中,我们还将看到他对宗教起源和政治社会起源之间关联的其他说明。

在关于宗教的原因的讨论中,卢克莱修仅仅论述了其自然的原因。就此而言,这一段同他对语言的讨论相同;在对语言的讨论中,他也只详细论述了它的自然起因,而忽略它经由人对其实用性的掌握以及通过约定为其命名的发展。卢克莱修既然对语言的用处说得很少,那就不必吃惊,他也不会多谈宗教的用处。正如他先前对语言的讨论一样,他也有很多的理由只谈宗教的自然起因。此外,他不想公开强调那种观念,即认为神灵和宗教有助于在一个稳定的社会中建立和长久维持好的法律;因为只需提一

---

① V,118,1125;Ⅵ,72.

提米诺斯①、吕库戈斯②、努玛等人的名字，就足以显示出这种非伊壁鸠鲁主义的观点流传有多广。

卢克莱修说，他将解释是"什么原因"（用的是单数形式）让诸神信仰得到传播；然而事实上他说出来的原因却不止一个。后世的评注者们通常对这些原因进行了以下区分：第一个原因是真正的原因（即第一个原因既是人们信仰诸神的原因，也是他们断定神灵确实存在的充足理由）；反之，其他的原因都是假的。③诚然第一个原因没有被明确说成是虚假的，但是我们还是要进行讨论，它也绝不能充分证明神灵的存在。④ 卢克莱修说，人们"在心灵醒着的时候看见许多卓越的神灵的容貌，他们都有着硕大出众的躯体；睡着时就更多"（V，1170-1171）。

首先必须指出，卢克莱修这里所说的是，即使是在醒着的时候，也是"心灵在看"，而不是肉眼在看；因为正如他前面所论述，神灵那精细的本性不可能被我们的感官所知觉，而只能被心灵看见（V，148-149）。正如我们在前面所显明的，⑤ 这种心灵的智力的"看见"并不能保证那"被看见的"就真正存在。如果一个人读了一篇对于一位极其出众的神灵的优美描绘的文学作品，他就能想象那位神灵，即他在用他的心灵"看"他；他实际上在"看"一幅真正的（心灵的）肖像，因为各种各样的无数的

---

① ［译注］米诺斯（Minos）：希腊神话中克立特岛的国王，死后为阴间的法官。

② ［译注］吕库戈斯（Lycurgus）：传说和历史中著名的吕库戈斯有好几位，这里可能指的是传说中的斯巴达的立法者吕库戈斯，他是斯巴达政治体制的创立者。

③ 例如，贝利，I，67；Ⅲ，1508。

④ 施特劳斯给出了同样的论证（pp.128-130）。

⑤ 第3章，临近结尾的地方。

肖像到处在飞,他"看见"的乃是他的心灵自己为之准备好的。卢克莱修在前面已经说过,我们醒着的心灵"看见"过其他并不存在的东西(如形貌可惊的东西、死人的肖像、舞女的舞姿,以及舞台上的各种各样的其他景象)①;人们在梦中所看见的东西当然不能证明那东西就存在,可能只意味着他日常操心、恐惧和渴望的事情。事实上,卢克莱修明确将梦看作破坏生活的各种错误意见的原因,以及一个人的生活的已经无甚价值的征兆。② 这一段接着说:

> 人们赋予那些东西以感觉能力,因为它们好像能够移动肢体,并且说着崇高而配得上那威严和魁梧躯体的话。(V, 1172-1178)

卢克莱修先前曾提醒我们要注意一种危险,即心灵会自己为对象加上些错误的属性,在稍后的关于错误属性的一个明确的例子中,他同样使用了动词"加之"一词。③ 人不可能真正"听见"神灵的声音,因为声音的传播速度远远慢于光线(视觉),并且人也不可能用肉眼看见神灵。神灵似乎能够移动肢体,这同样不是一个证明,因为卢克莱修已经解释说,当心灵"看见"一个并不存在的死人的肖像,(当这个肖像消失时)新的肖像又出现,从而那人就似乎在运动(改变姿势)。④

卢克莱修继续说:

---

① Ⅳ, 33-35, 978-983.

② Ⅰ, 105; Ⅲ, 1048.

③ Ⅳ, 464-468; V, 1195. 关于心灵自己赋予某些错误的属性,这在卷4中已经被很好地讨论过了,尤其见Ⅳ, 386, 453-461, 465-466, 592, 1154, 1183-1189。

④ Ⅳ, 788-806, 768-772.

> 人们又赋予他们一种永恒的生命,因为他们的容貌永远接踵而至,并且他们的形状永远保持一样;但是,主要的原因是,人们认为具备这样大的威力的神灵不能够轻易被任何力量所征服。(V,1175-1178)

以上就是(心灵所赋予它们的)属性。他们的容貌(facies)之所以永远接踵而至(被充分提供①),是因为各种各样的心灵的肖像不断地涌出来;而他们形状永远保持一样,这不会比我们不断地"看见"死人的肖像更让人吃惊,也不是他们存在的证据。人们认为拥有如此大的威力的神灵不会轻易地被征服,这显然是一种错误的推断,即使拥有这样的威力的神灵真正存在。因为,没有比大地更强大的了,但是,大地还是将毁灭;最为合理的论断应是德谟克利特所说的,即神灵难于被毁灭,但不是不可毁灭。② 但根据卢克莱修的论述,事物所拥有的力量同构成它的原子的不同种类的数量成正比;原子的形状随原子的大小而变化。然而,神灵有着精细的本性,故构成他们的原子数量不会很多,构成他们的原子的种类也很有限,所以他们的威力(或能力,vires)不是大,而是小。③ 卢克莱修这样来结束这一段,他指出,由于人们认为诸神摆脱了死亡的恐惧,同时在梦中又看见他们创造出许多奇迹,但又不感到一丝疲倦,因此,人们就以为诸神的幸福远远超过常人。这最后的观点也不能证明神灵

---

① 比较Ⅳ,776 "足够"(suppeditare)和这里的1176 "被充分提供"(suppedibatur)。

② 德谟克利特,第尔斯-克兰茨(Diels-Kranz)B16,为贝利所引用,《希腊的原子论者和伊壁鸠鲁》(*The Greek Atomists and Epicurus*),牛津,1928,p.176。

③ Ⅱ,586-588,483-496;V,148.

存在；而且，真正的神灵（伊壁鸠鲁主义眼中的神灵）根本就不会做任何奇异之事，无论那样做是让他们感到疲倦还是不疲倦。

从关于神灵是否存在的证据的分析中，我可以得出结论说，从卢克莱修所教导的来看，那显然还不充分。我们还可以补充说，如果我们所"看见"的是出于真神，那么所有的人就应该相信同样的神；事实上，正如卢克莱修所知道的，

> 埃塞俄比亚人说他们的神的鼻子是塌的，肤色是黑的；而色雷斯人则说他们的神有着蓝眼睛和红头发。[1]

此外，卢克莱修告诉我们，动物也会做梦。我们可以猜想他的这种想法是由于考虑了这种观点：如果马、牛、狮子也能做梦，那每一个梦都显化了其身后的神。[2] 既然这个证据也不充分，那我们的结论就是，根据伊壁鸠鲁，神灵不存在。正如我们前面所论证，没有任何证据表明存在着不朽的东西；[3] 正如某种力量将毁灭地球一样，一种力量也会从无限的宇宙中涌出来毁灭一切。除了一般性的论证以外，卢克莱修还论证说，没有肉体的庇护，灵魂那纤细的本性使得它不能独存；这就使得我们很难相信神灵那纤细的灵魂能独存。

因此，我们接受传统的观点，即卢克莱修是一个无神论者，这曾受到许多近代学者的谴责。贝利对伊壁鸠鲁主义的神灵的观

---

[1] 克塞诺芬尼（Xenophanes），Diels-Kranz，B16，引文出自《前苏格拉底哲学家》(*The presocratic Philosopher*)，基尔克（G. S. Kirk）和拉文（J. E. Raven）的翻译；剑桥，1957，p. 168。

[2] 克塞诺芬尼，B15。

[3] 见本书页 88 注释①-页 89 注释①。

点的阐发,似乎得到了普遍的接受。① 他们是不朽的、幸福的有着人的形式的存在者,他们的永恒不是质料的永恒一致,而是形式的永恒(有点类似于瀑布,尽管它的质料在不断变化,但其形式却保持同一)。神灵住在世界之间的间隙处,那里为他们的身体不断提供着适宜的质料,这些质料暂时同他们结合在一起;从神灵那里流出了不断的纤细的肖像之流;② 通过对它们的看见(尤其在睡梦中),人们相信神灵的存在。

伊壁鸠鲁主义对于神灵的这种理解,其优点在于它认真思考了这个问题,即一个东西如何才可能是不朽的;然而,它却面临如下三个方面的反对意见,它们每一个在我看来都是决定性的。首先,卢克莱修所表达的这种宇宙观同这样一种观点不相容,即,适宜的质料的提供刚好够维持万物的存在。其次,无限的质料会攻击这个世界,并最终将之毁灭;同样,无限的质料也会攻击神,并毁灭他们。第三,如果神灵是贝利所描绘的那样,那就似乎不能说他们是过着幸福生活的有感知的存在者。我能够相信的是,如果伊壁鸠鲁主义者被迫承认他们是无神论者,那他们可能确实是在沿着贝利的思路在进行论说;我不能相信的是,这是卢克莱修本人的观点。反之,由于卢克莱修没有能实现他的许诺,即详细地讨论神的居所,于是一些人会将之看作其诗歌不完整的一种证据;但这似乎更加支持了我已经论证过的他对于神灵的理解。

如果卢克莱修坚持神灵并不存在,那我们就必须回答这样一

---

① 《希腊的原子论者》(*The Greek Atomists*),pp. 438-481;他的解释是在斯科特(W. S. Scott)和朱萨尼(C. Giussani)的基础上进行的。

② 精神性的肖像是不可见的;因此,神灵那精细的本性也远离我们的感知(V,148-149)。

个问题：为什么他会说，真神（伊壁鸠鲁主义的神，不同于流俗宗教中的那种虚构的神）仿佛确实存在着。科塔①在西塞罗的《论神性》(De natura deorum) 中对于伊壁鸠鲁的两个评论也适用于卢克莱修：

> 波昔东尼②说……伊壁鸠鲁似乎根本不承认神灵的存在，他对于不朽神灵的一切论说，都是为了免遭嫉恨 (invidia)。
>
> 伊壁鸠鲁不敢否认神灵的存在，以免他遭受嫉恨和法律的起诉 (crimen)；但当他宣称神灵尽管有着人类的肢体，却无所用之，而是过着无忧无虑、与世无涉的生活，他似乎是在开玩笑，并满以为，既然他已经说了存在着一种幸福、永恒的自然（本性），那就够了。③

如果被看作无神论者会遭到某些不利，那就丝毫不必吃惊伊壁鸠鲁或卢克莱修会掩饰其对神灵存在的否认。正如我们已经论述过的，毕竟卢克莱修已经给出了足够的教导，深思的读者自当能得出其关于神灵的真正结论。卢克莱修对于"憎恶或妒忌"(invidia) 的论述暗示了另外一个原因。他说：

> 所有的峰顶和一切比别处高的地方 (magis edita)，都受妒忌的雷电所击而冒烟。(V, 1127-1128)

在相当靠前的地方，他曾描绘说，圣贤的居所乃宁静的高

---

① ［译注］科塔 (Cotta)，西塞罗《论神性》中的主要人物，生平不详。
② ［译注］波昔东尼 (Posidonius, 135-50 B.C.)，古罗马历史学家、科学家和哲学家，斯多亚学派的领袖。
③ 西塞罗《论神性》Ⅰ, 123; Ⅲ, 3。

原（Ⅱ，7-8）。如果神灵并不存在，那圣贤们就将是最高的存在者，他们也就成为"嫉恨"的目标；当卢克莱修说神灵才过着一种完满幸福的生活时，他也就指出圣贤们事实上要比神灵低；作为一种尽可能的对神灵的效仿，他们的生活方式是值得称赞和辩护的，但是，像别的人一样，他们也都是要死者。①

我们已经讨论过关于神灵存在的问题的这一段给出了一个暗示，那就是在宗教的起源和政治社会的起源之间有着某种关联。在政治社会的早期，国王们根据人的美丽和体魄（facies and vires）来划分土地和牲畜；对于这些禀赋，卢克莱修给予了极不寻常的强调："用美丽……和体魄"（facie…et viribus，Ⅴ，1111）、"美丽……和体魄"（facies…viresque，Ⅴ，1112）、"强者和美者"（validis et pulchris，Ⅴ，1114），以及"身体的强壮和美丽"（fortes et pulchro corpore creti，Ⅴ，1116）。而在讨论人"看见"神灵的那一段中，对于同样的禀赋也给予了极不寻常的强调："卓越的容貌……令人称奇的躯体"（egregias facies…mirando corporis auctu，Ⅴ，1170-1171）、"卓越的容貌和强健的体魄"（facie praeclara et viribus amplis，Ⅴ，1174），以及"容貌和形状……有着如此巨大的力量"（facies et forma…tantis viribus auctos，Ⅴ，1176-1177）。由于梦境和其他的一些心灵的"视觉"都是心灵为自己提供的，因此，它们都和人生的各种关切、爱好、恐惧和愤怒等相关。我们或许可以推论说，当美丽而强壮的

---

① 卢克莱修为何要保留伊壁鸠鲁的神灵，施特劳斯给出了另外一个理由（pp.130-131）：表面上承认神灵存在着的这种教导，要比直接否认神灵存在着更具吸引力，或者说更能安慰人；神灵美化和装扮着伊壁鸠鲁主义的理论所刻画出来的宇宙。

人第一次占据了那最高的位置时,人们就开始看见神灵的身影。进一步的论断是,由于国王们都是高傲的,因此人们就认为神灵也用高傲的声音讲话。①

关于宗教的这一节的剩下部分讨论了"是什么原因导致人们错误地相信神灵",它被分为两个部分。② 首先,宗教信仰被认为是源于人们对天上的那些事情的无知、好奇和疑问;这一部分还包含着一个离题,即卢克莱修对宗教的种种害处的猛烈抨击。第二部分说明了导致宗教恐惧的各种可怕的自然现象,并揭示了那些恐惧与政治生活的关联。

将宗教当作源于人们对天上那些事情的无知的这一段,以一种奇异的方式将人看作相当的理性存在者;人们对那些事情产生了各种疑问,并心存怀疑。通过这种奇异的步骤,人的日常情绪暂时被忽略,而这种奇异的步骤则似乎是用来让我们反思宗教同哲学的关系的(我们下面会给予讨论)。人们看见各种天象(rationes caeli)和一年的季节按一定的次序循环往复;但是,由于不能明白其中的道理,他们就把一切归之于神灵,认为一切都听从神灵的支配。我们记得,原始的人类也意识到了昼夜的循环往复(此乃最明显的天象),但是,这种意识却并没有让他们感到惊奇,更不会让他们害怕某一天太阳的光芒会一去不返(V,973-981)。现在,人们却关心天象规律运动的原因;之所以这样,一个原因就在于语言和各种技艺的发展给了他们思考原因和

---

① V,1137,1122"高傲的国王们",1173"诸神那高傲的声音"。不久,人们又认为神灵会发怒,这或许与国王们被打倒以后的混乱状态相关,在那时因愤怒而复仇是很厉害的(比较V,1195和1148)。

② V,1183-1217(其中1194-1203是反宗教的宣言)和V,1218-1240。这两部分都以"此外"(praetera)开始,此乃全诗的每一节开始的惯用语。

结果的经验。另外一个原因则被暗示为：

> 他们把神灵的居所和住处放在天上，因为人们看见夜和月亮在天空中转动；月亮、昼夜和黑夜里那些令人敬畏的星座，还有那些在夜间漂泊的火把以及飞动的火焰；云、太阳、雨、雪、风、闪电、冰雹和急促的雷鸣以及那吓人的巨大的空虚的吼声。（V，1188-1193）

这些天象并不是真正有着固定的秩序，在卢克莱修看来，它们有缺陷，并且终将会毁灭。人们没有认识到这一点；相反，他们从卢克莱修所列举的这些无规律、有时甚至是可怕的现象中，产生了对于真理的某种确定的预言；这一段从天上那些规律性的东西到无规律性的和可怕的东西的过渡，暗示人们之所以开始关注天象，是因为这些新的恐惧。相信神灵只对那些有规律、有秩序的天象负责，这样一种宗教信仰尽管虚假，但却可能无害；然而，这样一种宗教信仰却不会产生，因为那些无规律和可怕的事情也会发生在天上：如果神灵统治着天上，那么，这样一些可怕的现象肯定出于他们的愤怒。

面对人类将这些事情归于神灵，并且还为之加上暴怒的威力，卢克莱修为人类的不幸大声疾呼：

> 他们为他们自己造成多少的呻吟，为我们造成多少的创伤，为我们的子孙造成多少眼泪！（V，1196-1197）

我们或许以为卢克莱修在这里会给出宗教所导致的可怕结果的某个实例，但是，卢克莱修却仅仅进一步断言虔诚绝不是履行各种宗教仪式（他给出了四个没有什么害处的宗教仪式的例子），

"相反，真正的虔诚在于能够静心观看万物"。① 在卢克莱修看来，真正的虔诚与任何对于虔诚的宗教性的理解都无关。正如前面所说的，"真正的财富"是静心而节制地生活；同样，"真正的虔诚"是通过对真正原因（ratio）的认识而获得的心灵的一种状态。卢克莱修大声疾呼宗教的害处，这种疾呼对于将来的关注与对于过去和现在的关注同样多；正如我们在书中的其他地方所指出的那样，② 他并不指望他的理论能足够影响人们，使得人们的宗教观念和整个生活方式都得到普遍的改变。他不是一位启蒙主义的信徒：尽管他采用了诗性的表达并使用了规劝的技艺，但只有相当有限的受过教育的人会读他的诗歌；仅仅他们中的一小部分——我们可以设想，这些人在看见自然（物性）时，定然具有同他一样的神圣快乐和恐惧的情感，能够理解和接受他的整个教导。

在爆发出对宗教的反对以后，卢克莱修回过头来讨论导致宗教的那些无知和疑惑；他以略许不同的方式重述了在对宗教进行猛烈抨击以前他所列举的那些原因。从这里直到关于宗教的整个讨论的结尾，卢克莱修使用的都是现在时：他正讨论的原因在现在和过去同样有效。当我们在夜晚仰望苍穹，想起太阳和月亮运行的时候，在那已经负荷着许多其他忧虑的我们的心中，又生起了一种新的疑惧：或许在我们头上有着神灵的不可限量的威力，

---

① V，1203. 在卢克莱修对于这些宗教仪式的描述中，贝利找到了"几乎是让人崇敬的细微之处"（Ⅰ，17）、"对于其细节之处，有着一种类似人的情感的东西"（Ⅰ，70）、对于罗马人敬神的细节的"一种遗憾的情感"（Ⅲ，1514），及"对于罗马宗教仪式非常熟悉，以及或许是对于它的一种隐匿的情感"（Ⅲ，1515）。很难相信，一位罗马人对这些宗教仪式无知，从卢克莱修的角度来看，我找不到任何理由来怀疑这种情感。

② 参见第3章，注释71所涉及的段落。

是它推动着那些星辰。(卢克莱修在这里没有重申为何相信神灵的威力会导致一种疑惧;从前面的那些诗行,我们可以推断出原因,即神灵会以此来显示他们的愤怒,如用雷电。)卢克莱修进一步解释了该原因:

> 理性的贫乏使充满疑惑的心灵更为痛苦:是否世界有过一个诞生的日子,同样地,是否有一个终点来限定世界的墙垒,还能够有多少日子,来抵抗住这永不停止的运动的压力;抑或神灵赋予它们永恒的生命,以致它们能够经历无限的岁月而蔑视不可计量的时间的强大威力。①

这种无知和疑惑奠基在对神灵的信仰之上,它关系到世界的死亡性或不朽性的问题,这个问题在这一卷的第一部分已经被讨论和回答过了。正如我们所指出,世界终结时的景象是悲哀和可怕的;卢克莱修在这里也指出,人们对这样一种可能性的怀疑根植于对神灵的信仰,因为神灵会保证世界的永恒。由于那些狂暴的天象被认为是神灵愤怒的表现,于是,对神灵的这样一种信仰就导致了人们心中的一种新的疑惧。但是,对神灵的信仰是如此地根深蒂固,以至于可以让人们摆脱世界要毁灭这悲哀而可怕的事实的意识。

对宗教起源的这种解释似乎太理论化了,太远离人们的实际经验和思想。很难相信过去的人们(那时宗教正在产生),或者现在的大多数宗教徒会焦虑世界的末日,并且他们转向宗教是为

---

① V,1211—1217. 对于1214,我接受了理查德·本特利(Richard Bentley)的校订,如果MSS的读法正确,那这一句就应当译为"(是否有一个终点来限定)世界的墙垒和它们悄无声息的运动还能够有多少日子来抵抗住那压力"。

了摆脱这种焦虑；卢克莱修绝不希望我们这样肤浅地去理解他的解释。他的意思是，从对宇宙的真正的哲学说明来看，对世界末日的恐惧是宗教产生的根本原因。很少有人看见和经历过来自于那种景象的事情。然而，对世界末日的恐惧是宗教的基本原因，因为世界的末日是所有的人经历到的最极端的事例。作为最极端和最激烈的例子，世界的末日总括和代表了宇宙对于人类和人的目的的冷漠；这种冷漠导致人类世界存在于一定的框架和结构中，这种框架和结构一方面使得人类世界成为可能，另一方面又威胁和要毁灭它。这种所有的人都或多或少感受到的悲哀的处境就是宗教的根源；但宗教反过来通过把它看成是受着神灵活动的干预，却掩饰了真实的情形。

论宗教这一节的最后部分（Ⅴ，1218-1240）给出了关于人类处境（联系到人们对于世界将来的毁灭的焦虑，该处境被理论概括化了）的三个具体的经历。如果一个人对这些经历给予全面的考虑，就会发现它们都指向人类的真正处境；然而，对于大多数人而言，这些经历的结果导致并支持了宗教信仰，而不是唤起了对于人类的真正处境的意识。首先，当大地因可怕的雷霆而战栗，天空中响着隆隆雷声的时候，人们就会惧怕神灵；民众、民族和骄傲的帝王们莫不因惧怕神灵而瑟瑟发抖，

> 害怕着也许因为自己的某种罪行和狂言，算账的沉重日子现在已经到来。（Ⅴ，1224-1225）

他们不是将雷电看作一种威力无比、具有毁灭性的自然力量，这种力量对人类漠然视之（就其结果而言，甚至充满敌意）；相反，他们将之解释为神灵愤怒的表现。只要存在着对它的某种解释，人们就可以相信那就是神灵的愤怒；它被理解为神灵要惩

罚人类所做的不当之事。既然行不公正之事、犯罪以及对惩罚的恐惧都是伴随着政治社会而产生的,那么,宗教本质上就同政治社会联系在一起。在这里,卢克莱修再一次指出了宗教的一种有用的功能,这个功能我们在好几个地方都已经谈到,那就是:宗教的确有阻止人们作恶的作用。尽管我们不能详细论述政治和宗教之间在时间和因果上的相互作用,但我们可以断言,它们是共同发展、互相支持、互相依赖的。

其次,卢克莱修描绘了海上的风暴。当载着强大军团的舰队在海上遇见风暴的时候,满怀恐惧的舰队司令向神祈祷;但全都徒然,因为他还是常常被送到死亡之路上。

> 永远有一种隐秘的力量如此不容反抗地践踏着人类,用它的脚跟践踏着那显赫的木棍(束杖)和残酷的斧头,把它们拿来嘲笑。(V,1233-1235)

这个例子有着很强的政治意味:束杖(fasces)和斧头① 乃罗马政治权力的标志,和在别的地方一样,② 这里卢克莱修也用航海和战争来概括政治生活的发展。从类似这里所描绘的经历中,人们或多或少会意识到确实有一种隐秘的力量(自然,以及自然对人事的冷漠态度)在践踏着人事。人们感觉到,同以往相比,这种力量在政治社会中表现得更加突出:因为政治社会让人类的生活远远高于最初的那种低级单纯的状态,因此,当自然表现出它的力量的时候,人类所遭到的危害也就更大、更可怕。然而,受到自然攻击的人类却不愿认识和接受这个真相,他错误地

---

① [译注] 在古罗马,用一束细树枝与斧头夹在一起作为执政官的标志,在出巡时由护从举着走在前面。
② II,1-6;V,999-1006,1434-1435.

以为他的毁灭乃是出于神灵的意志，并且通过他的祈祷和卑躬屈膝，他或许可以平息神灵们的愤怒。①

第三，当大地在摇动，许多城市崩塌或摇摇欲坠的时候，

> 如果人们会鄙夷轻视自己，相信世界上有神灵的伟大威力和神奇的本领来指挥一切，那又有什么可奇怪？（V, 1238-1240）

地震在任何时候肯定都是很可怕的，但它对于政治社会中的人而言就更为可怕，因为他们的城市会被摧毁。正如卢克莱修在卷6中解释地震时所指出的：

> 因此，人们由于双重的恐怖而惊慌，在城市里面忙乱地闯来闯去。他们既害怕头上的那些房子，又害怕脚底下的那些洞穴。（Ⅵ, 596-597）

在卷6中他还指出，在人类对于世界末日的恐惧中，地震是最可怕的力量：

> 让人们随他们的便相信天地不会毁灭，相信它们被赋予一种永恒的生命。可是有的时候现在的危险的力量就会在某

---

① 阿里斯托芬（Aristophanes）谐剧中的一位人物用谐剧的方式表达了同样的观点：
德谟斯提尼（Demosthenes）：神灵？请你不要对我说，你相信他们！
尼西阿斯（Nicias）：我当然相信他们。
德谟斯提尼：证据何在？
尼西阿斯：他们是如此地恨我，这足以证明他们的存在。
《武士》，韦布（R. H. Webb）译，《阿里斯托芬全集》，ed. M. Hadas, New York, 1962.

个地方用这种恐惧的刺棒把它们刺一刺——大地很可能徒然从他们脚底撤退,向深渊落下,失去了根基的万物也跟在后面,直至整个世界陷于毁灭。(Ⅵ,601-607)

因此,正如我们前面所论述的,这一节的这些具体例子都同那对于世界末日的一般恐惧相关联。对于大多数人而言,真相太过苦涩而难以面对:

人们不敢去相信,一个大毁灭的日子在等候着这个伟大的世界。(Ⅵ,565-566)

因此,尽管存在着宗教带来的恐怖,但人们宁愿接受对于神灵的信仰,相信他们统治着整个世界。

让我们用对政治生活、宗教和哲学彼此之间的关系的考察来结束对这一节的讨论。我们已经讨论过宗教和政治之间的本质联系:两者都为对于惩罚的恐惧所塑造。在政治那里,由于无限制而徒然的欲望让人们彼此之间残酷竞争,对惩罚的恐惧必然能对他们有所抑止;同样,在宗教那里,它也可以用来解释为何统治整个世界的神灵会用暴力来惩戒人们。在政治和宗教的产生过程中,还存在着两种另外的联系:诸神形象的产生,在很大程度上反映了在政治社会的早期人们地位的不平等;政治社会中人事发展所充分暴露出来的不平等,给了人们强烈的观念,即自然充满着危险的敌意,而对它的恐惧转而铸就了宗教信仰。宗教和政治都远离了人和世界的真理。政治上的激情(如渴望财富、名望、统治等)无非是基于道听途说的结果之上的欲望,而不是奠基在一个人真正所要的和自然所需的基础之上;而宗教信仰却出于人们无法接受世界和宇宙中的人类处境的真相。两者的最终的根源都是对于死亡的恐惧:人们不愿面对其要死性的这个事实,这使他们在对于那些不必要的事物（他们以为那些事物能带给他们以幸福的生活）的无限制的追逐中遗忘了自己；也使得他们对于生命，对于那些有利于生命的东西，对于他们自己，简而言之，对于这个世界越来越有着强烈的眷恋——然而，对于世界愈是眷恋，对于世界的（末日）也就愈是感到恐惧。

同宗教一样，哲学也是政治社会发展的产物。① 哲学得以可能，在两个方面依赖于政治社会的发展：首先，需要充裕的物质条件，它使得闲暇成为可能，以及能使人们中间有着相对和平的秩序；其次，需要人的语言和理性的发展，通过各种技艺的发展，使得人们可以充分运用他们的理性去探究自然。此外，战争作为政治社会中的最引人注目的场景，对它的思考有助于哲学对于自然的理解，因为自然也处于战争状态中：原子和"世界那些最有力的成员"都在不断地互相厮杀。② 尽管这些都有赖于政治社会，但伊壁鸠鲁的哲学却鄙夷政治：因为强制、徒然的欲望、错误的意见、竞争，以及战争，这些左右着政治社会的东西都同出于自然的幸福生活不相容。

然而，哲学又强烈地反对宗教；它之所以强烈地反对宗教，是因为它们有着共同的基础。同哲学一样，宗教也超越了人类的主要经验（如前政治社会中的人们的那些经验）而提出了一种更大的背景的观念，在这种背景中，人类的生活发生了，这种背景又影响着人类的生活。宗教所提供的观念是虚假的，但这种观念却又在某种程度上让人放心，并给人抚慰：它掩盖了人类真实处

---

① 宗教遍布在"伟大的民族中间"（per magnas…gentis，Ⅴ，1161）；而伊壁鸠鲁的教导则让甜蜜的慰藉"传布于各个伟大的民族之间"（per magnas…gentis，Ⅴ20）。

② Ⅱ，118-122；Ⅴ，380-381.

境的痛苦和悲哀,通过教导说,人的灵魂和世界是不朽的,在宇宙中有着强有力的存在者,他们关心着人事。这样做的时候,它又带给人类新的恐惧:活着的时候害怕神灵的惩罚,死后则恐惧地狱中那永恒的惩罚。这些新的恐惧尽管对于政治生活而言是有用的,因为它迫使人们公正地行事,对自己的国家和家庭尽义务。而且,宗教所带来的这些恐惧主要影响有罪的人;一个人能够通过远离罪恶和不虔敬的事情而摆脱这种恐惧。为了对付这种为宗教张目的种种论调,卢克莱修给出了许多论证。宗教试图掩盖人类和世界的苦涩真相,但它从未完全成功过。人类的生活继续受到死亡恐惧的煎熬和折磨;由于不敢直面死亡的恐惧,使得人类在最终也未能成功的努力中,用尽各种痛苦的办法来逃避自己。尽管对于世界有着这种宗教性的看法,但是人类还是相信,世界有其末日,自然充满冷酷敌意;宗教的看法并不能解释自然的那些盲目行为,如地震、火山喷发、雷电等,因为这种东西常常将有罪者放过,而对正直无辜的人们大加屠戮。①

此外,宗教恐惧还破坏了人类的快乐。尽管诚然,如果一个人坦荡无辜地生活着,他不必害怕惩罚(政治的或宗教的),但他也渴望着那些只能通过不正当的手段才能获得的东西;即使他的生活是完全公正和虔诚的,然而他的克制却是出于害怕惩罚实际地降临到他身上;更可能的是,他那寻求快乐的生活会被对惩罚的恐惧所玷污。只有哲学能够净化人的心灵,让它摆脱那些不必要的欲望,使他能够没有恐惧地幸福生活,使他能够为了那些自然(天生)就好的东西而生活。拥有这种幸福所必须付出的代价就是直面人类和世界的整个悲哀的真相;只要大多数人不愿或者不能够这样做,那么,在哲学与宗教、政治之间就依然存在着

---

① Ⅵ, 535-607, 639-679, 379-395 (Ⅱ, 1103-1104).

根本的对立。

卷5的剩余部分讨论各种技艺的发展。首先讨论的是冶金术（V, 1241-1282），这种技艺依赖于火，但它本身又成为其他许多技艺的基础。金属是因森林起火而被偶然发现的，而起火的原因或是出于自然，或是人们为了战争或和平的某种目的而人为导致；银、金、铜和铅被火熔化而流到地面的凹地里。人们被金属那光滑可爱的外表所迷住，并想起用它们来制作武器和工具。他们试图像铜那样来使用金、银，但全都徒然，因为这两种金属太过柔软；结果，在那些日子里，铜才是有价值的，而金却被视为无用；而今天，黄金享有很高的价值，铜却变得下贱受人轻视。卢克莱修用一种非常概括的原因来解释这种变化，即"流动的岁月改变着每一物得意的时节"（V, 1276）。和前面一样，这一节也主要讨论各种事物的自然原因；他没有讨论约定所起的作用，尽管通过约定，黄金才被看作经济交易中最有价值的物品；然而，由于他指出了铜的许多自然用途，他显然对于黄金价值中的约定性格有着清楚的意识。卢克莱修告诉美姆米乌斯，他自己应能够很容易猜出铁是如何被发现的。[①]

现在，卢克莱修转而讨论战争。战争不是一种单独的技艺，而是利用各种技艺发现的人类生活的一个方面；就其性格而言，它一方面受着各种技艺的影响，另一方面又刺激人们在技艺中作出许多新的发现。卢克莱修所讨论的第一个部分乃是冶金术和战争之间的一个过渡的段落。古代的武器是手、爪和牙，是石头和树枝；当火被发现后，火也成为武器；然后是铜和铁。铜先于铁

---

① 卢梭详细论述了解释铁何以被发现的巨大困难，这有可能是在批评卢克莱修，《论人类不平等的起源和基础》（*Second Discours*），《全集》（*Oeuvres completes*, III, 172）。

被使用，因为它容易冶炼，也较为丰富。人们使用它从事土地的耕作，也用它进行战斗，用它去抢走他人的牲畜和土地：

> 因为面对用铜武装起来的那些人，所有赤裸裸而没有武装的东西都立刻屈服。（V，1291-1292）

然后慢慢地铁制的刀剑兴起了，铜反而受到鄙夷；人们用铁去犁耕土地，而在结果难料的战争中，胜败的机会就变得均等了。这一段既讨论金属使用的发展，也讨论了战争所用武器的发展；① 它强调，甚至再现了技艺和战争之间的必然的内在联系。技艺只要发现任何可用于战争的东西，那些东西就会马上被战争征用；每一个人都必须使用它们，否则就很容易被他人征服。在遥远的过去，火的发现是这样，现在也同样是这样。

接下来是讨论在战争中对于动物的使用（V，1297-1307）：先是骑马作战，然后依次出现了两匹马和四匹马的战车，以及带镰刀的战车，甚至最后大象也被用于战争中：

> 这样，可悲的不和（即战争）就产生出一种又一种（alid ex alio）新的发明，来威吓战争中的民族，一天一天地把新的项目添加到战争的恐怖上面。（V，1305-1307）

这些变化绝不仅仅是用不同的方式做同样的事情，相反，它们使得战争日益成为愈发恐怖的事情。技艺中的进步，使得人们"在它们自己的心灵中看见它们一件一件地形成"（V，1456）；然而，技艺中的进步却必然伴随着战争的进步，正是这种进步，

---

① 因此，贝利认为，前面讨论金属的那一节包含了这一段（Ⅲ，1525，1527）。

使得战争变得越来越可怕。现在，卢克莱修用极其生动的笔墨描绘了战争的恐怖，他详细描绘了人们如何在战争中使用各种野兽去攻击敌方，但是却往往事与愿违（Ⅴ，1308-1349）。① 在这里，他恣意驰骋他的想象力，不是因为某种一时的精神错乱，而是诗性地模仿战争那野蛮狂暴的性格。在这一段的最后，卢克莱修承认他所描绘的那些事情没有一件曾在我们这世界中发生过。他所描绘出来的那可怕、混乱的浩劫，与世界的末日不相上下。② 野兽作为原始人类所面临的主要危险，已经随技艺的发展被克服；然而，战争的相应发展，却以一种更加可怕的方式将那种危险再次引入。因此，对于大多数人来说，技艺发展的真正价值只在一个有限的范围内给他们带来好处，所以，技艺进步的真正价值就显得相当可疑。

关于技艺这一节的后半部分讨论各种和平的技艺：先是编成条块做衣服，然后依次是纺织、农业、培植树木、音乐、天文和诗歌。由于卢克莱修认为音乐出现得非常早（人出现在大地上时，音乐也就产生了），③ 因此他关于这些技艺的讨论不是按编年，而是依等级进行的。他刻画了一幅迷人的画卷，在那里，作为农业结果的田野风光，向我们呈现出怡人的景象（Ⅴ，1367-1378）。通

---

① ［译注］即人们使用野兽（如野猪、野牛和狮子）是为了攻击敌方，但是，野兽一旦受惊，却往往敌我不分，转而造成自己人的损失。

② 比较 Ⅴ，1329 "它们（即野兽）会把骑兵和步兵一块干掉"（permixtasque debant equitum peditumque ruinas）；Ⅱ，1144-1145 "被围攻的世界的墙垒，也必将崩坠为残垣断壁"（moenia mundi / expugnata dabunt labem putrisque ruinas）；Ⅴ，347 "它们会广泛地全部遭殃而彻底崩溃"（darent late cladem magnasque ruinas），参见注释179。

③ Ⅴ，1402 "大地母亲"（terram matrem）；1141 "林间的土著"（silvestre genus terrigenarum）。音乐的产生先于政治社会。

过模仿鸟儿的鸣唱和观察风吹过芦苇管而引起鸣啸,人们发现了歌声、空管和箫笛,对此给予描绘以后,卢克莱修向我们展现了一幅更加迷人的画卷,即田园生活带给人的那种简朴的幸福:歌唱,简单的饮食,怡人的天气,绿草茵茵、繁花簇簇,打诨说笑,谈天说地,笑声和舞蹈(Ⅴ,1390-1404)。醒着的人们用歌声和管笛所发出的旋律来排遣他们那些失眠的时刻,如今的巡夜人仍然遵守着这古老的传统;他们学会了很好地保持正确的节奏,但是他们并没有从中获得比往昔那些人更多的快乐。① 在人们几乎想不到的地方,卢克莱修通过重述战争与技艺进步的关联,对于技艺中的进步作了概括性的论述,(Ⅴ,1412-1435)。在最不具有战争性的地方他却作这样的论述,他的理由是进一步强调,战争和技艺发展之间的联系不是偶然和暂时的,而是本质的和永恒的。

卢克莱修关于技艺中的进步的价值论述是这样的。如果我们未曾领略过更好的东西,那我们手边现成占有的东西就最使我们快乐,并且似乎就是最好的。但某种稍后出现的更好的东西会在很大程度上毁坏以前那种东西的价值,并且改变我们对于昔日事物的感觉。② 就是这样,人们开始厌恶橡树的果实,那些用草铺成、用树叶堆好的睡床也被人抛弃了。同样,穿兽皮也变成令人

---

① [译注] 这里的意思是说,音乐的技艺改进了,可是却并没有增加快乐。
② 快乐有着自然的限度,一旦超出限度,那快乐不是增加,而是变成痛苦。真正快乐的标准是它的纯粹性,不是从功利的角度考虑它的强度和多少;对于越来越多,或越来越强烈的快乐的无限欲求,事实上会导致更多、更大的痛苦的伴随。对于这些内容的深刻分析,参见维克多·布罗夏尔(Victor Brochard)的论文"伊壁鸠鲁的快乐理论",《古代与现代哲学研究》(*Etudes de philosophie ancienne et de philosophie moderne*),巴黎,1912,pp. 252-293,尤其是 pp. 272-273、288。

鄙夷的事情，而它曾一度是受人尊敬的东西，它曾引起如此恶毒的妒忌，以至于第一个穿它的人被埋伏者所杀，而它本身也被抢夺中的人们撕得粉碎。

使人的生命充满忧苦焦虑、使他们疲于战争的，在昔日是兽皮，如今是黄金和紫袍。（V，1423-1424）

同原始的人类相比，更应被责备的是今天的我们；因为，如果没有兽皮，严寒就会折磨那时那些赤身裸体的人们。而没有紫袍，只穿普通人的衣服，对于我们却并没有什么害处。

因此，人们永远在苦役中而毫无所得，把自己的年华消耗在无用的忧虑上面，这无疑地是因为他还没有认识什么是占有的限度，还没有认识真正的快乐增加到什么地方就应停止。正是这种无知一步一步地把人类一直带到了深渊，并且从深深的水底把巨大的战争的浪潮激扬起来。（V，1430-1435）

卢克莱修对于技艺中的进步的彻底鄙夷带有很强的修辞色彩。他指出了两个似乎都有必要稍稍修正的事实。首先，既然早期的人类确实受着严寒的折磨，那么，兽皮的发现和普及就是一种真正的发展，是人类命运的一种真正的进步。其次，对于人来说，音乐的发现似乎是一种纯粹的快乐的获得。以下事实并不必改变这个判断，即超过某一点（或许这一点能为前政治社会所获得？）后，技艺的进步将不会增加人类的幸福。对于新事物的发现的整个价值，卢克莱修所给出的不加限制的断言有着一种道德说教的功能：即劝阻人们不要去寻求新的快乐和新的获取；鼓励他们懂得节制，知足常乐；削弱他们的热望，让他们不要为了满足那些徒然的欲求，而用一种必然不会成功的企图去做种种努力

（包括做一些非正义的事情）。既然通过对于宗教恐惧的反驳，卢克莱修已经削弱了对于违法犯罪行为的遏制，因此，他用这样的方式来劝诫人们就非常恰当了。

技艺的发展和战争之间的联系绝不仅仅意味着许多或者绝大多数的（但不是全部）技艺都能被用于战争。对于真正快乐的限度的无知使得人们不断去寻求新的快乐和新的事物；这种寻求推动了技艺的发展。反过来，技艺的发展则不断给予人们以新的事物、新的快乐和新的欲求的对象，以及孕育并激起了人们对于新的东西的无限欲望。这种对于事物的无限欲望既是技艺发展的根本原因，也是战争的根本原因。

在早些地方我们曾追问，既然卢克莱修认为自然对于人事是冷漠的（因而也常常是充满敌意的），那他为何不建议人们去征服自然，让自然屈从于人类的目的。那时我们曾给出一个理由：这种企图是不可能的，因为从无限的宇宙中生起的自然的威力是如此强大，以至于根本不能为人所控制。现在，我们可以给出另外一个理由：这种企图不仅是不可能的，而且也是不良的。控制自然要求技艺的无限发展，而这将会不断地激发出人类对于那些并不必然需要的新事物的无止境的欲望；必将导致对于人类生活的永无休止的折磨，导致永无止境的竞争和战争（技艺愈是发展，战争的武器愈是可怕）。同笛卡尔以及其他一些人一样，霍布斯也建议人类应去征服自然，因此他拥有同卢克莱修的观点完全相反的一种人类幸福观：

> 幸福就是欲望从一个目标到另一个目标的不断发展，前一个目标的实现仅仅为后一个目标铺平了道路……因此，我为全人类共有的普遍倾向提出的便是，得其一思其二、死而

后已、永无休止的权势欲。①

对于卢克莱修而言,人类所需的不是新的欲望和新的技艺,而是节制,而节制乃出于对快乐的自然限度的理解,对自然的必然性(这种自然的必然性建立了一种不可改变的结构,人类的生活在这种结构中有其位置)的认识和接受。如果哲学家拥有对于人类的义务,那他就应教导人们这些真理,或者告诉他们这些真理所必然衍生出的真实结果;而不是将自己投身于教导人们通过发展技艺去实现那并不必要的欲望,事实上,这些欲望也从未得到完全的满足。

接下来卢克莱修论述了人们对于四季的认识,人们认识到"一年的季节按时回来,万物的发生都遵循一定的规律和秩序"(Ⅴ,1438-1439)。这是人们所获得的有关天上事物的最初知识,但还不是真正的有关原因的知识;它既可能是错误的宗教的开端,也可能是真正的理论(ratio)的开端。卢克莱修所讨论的最后的技艺是诗歌,即最早的歌唱"伟大事件"②的诗歌。卢克莱修没有描述诗歌的起源,而是让诗歌呈现于时间的长河中:随着土地的划分,人类已经进入了政治社会,人们对于航海的技术已经有所知晓,已经有了条约和联盟;文字仅仅在诗歌产生前不久才形成。结果,对于以前所发生的事情,只能通过理性指出一些迹象,它们才会为我们所知晓。

这一卷的最后 10 行诗总结了技艺的发展,一些是重复,还

---

① 托马斯·霍布斯《利维坦》(*Leviathan*)第 11 章,C. B. Macpherson 出版,伦敦:企鹅丛书,1968,pp. 160-161。
[译注] 中文译文参见黎思复、黎廷弼译本,页 72,商务印书馆,1996。
② Ⅴ,1440-1447;我认为从句用 cum 开始(1444),说的就是诗歌的起源;因此,这个事件就是这八行诗的中心主题。

有其他一些新的东西被提及。航海、耕种、筑城、法律、武备、道路、服装、奖赏、生活的享受、诗歌、绘画和雕塑,"所有这些技艺,都通过心灵的实践和体验逐渐为人们所知晓"(Ⅴ,1452-1453)。在这里,卢克莱修强调了人的努力和学习,而在较早的地方,他强调的是它们的自然起源。

> 这样,时间就把每一种东西慢慢地逐一引到人类的面前,而理性则把它升举到光辉的境界。因为人们在自己的心灵中看见它们一件一件地形成,直至它们到达技艺的顶峰。(Ⅴ,1452-1453)

因此,卢克莱修是满怀喜悦地结束了卷 5;对于技艺进步的批评仿佛即刻就已经被遗忘了;人类在对技艺的认识中所获得的进步甚至被以一种非常类似于卷 1 结尾处(美姆米乌斯认识了卢克莱修的教导)的笔调表达出来。① 在这里,卢克莱修暂时不去批评人类对于新事物的无休止的探究,因为他正要引入一件新的东西,这件东西有着真正的价值,那就是伊壁鸠鲁所发现的真理(ratio)。技艺的进步并不带给人类幸福,但它的确导致了知识的发展,而知识的发展乃是哲学的必要前提。热衷于新的快乐,这对于人类是有害的;但哲学自身却是某种新的东西,它揭示了新的真理,甚至新的神灵。对于那有益的新的真理而言(这种新的真理教导人们要根据自然而生活),人类对于新的快乐的探究乃是其有害的和不自然的先驱(初期形式)。卢克莱修在卷 6 的序诗中最后一次颂扬了这种真理及其发现者(Ⅵ,1-42)。恰如其

---

① 比较 Ⅴ,1456"人们在自己的心灵中看见它们一件一件地形成起来"(namque alid ex alio clarescere corde videbant)和 Ⅰ,1115"因为事情会一件一件变清楚……"(namque alid ex alio clarescet...)。

分地说,这最后的颂扬是最写实的,也就是说,是最真实的。通过给欲望和恐惧划定(自然的)范围,伊壁鸠鲁使人类的心灵变得纯洁,清除掉各种毒害生活的东西。他向我们揭露出了至善,以及到达那里的捷径;他还指出了由于自然偶然或强制的安排,在人们面前存在着各式各样的坏事,它们到处溜达,他还告诉我们应如何与之作战。他证明了人类的忧虑大都(但不是全部)①徒然。因此在这里,伊壁鸠鲁被认为是在教导人们应如何过上这样一种生活,它并非完全摆脱一切害处和忧虑的完美生活,但却是一种可能的最好的生活。

通过对于那些可怕现象的自然的解释,卷6将对于神灵的恐惧完全驱逐出去;那些可怕的现象在论宗教的段落中已经被提及,如雷电、风暴和地震。卷6也讨论了火山、有毒的地方、瘟疫,以及其他一些奇异的事物。在进行这些解释时,卢克莱修给出了许多详细的例子来表明那可悲的普遍真理,即宇宙和我们的世界对于人类的福祉是完全冷漠的(甚至常常是盲目敌意的)。现在(不仅仅是在将来世界被毁灭的时候),无限的宇宙给我们的世界施加了许多病害,它导致了狂风、暴雨、地震、飓风、火山和疾病。② 同样,我们的世界对于我们也是冷漠的(既有无目的的敌意,也有着无目的的施恩):

> 大地里面存在着各种东西的元素,许多可用为食物而且有益于生命,也有许多却能产生疾病和加速死亡。(Ⅵ,770-772)

甚至诗人常去的可爱的希里康山(Helicon)也不是完全没有害处的。

---

① Ⅵ,33:"大都"(plerumque)。
② 参见页91注释①所涉及的段落。

> 在希里康的高山上还有这么一株树,它惯于用它的花朵的臭恶的气味,把一个人当场活活熏死。①

瘟疫是宇宙冷酷的例子。瘟疫产生的基本原因是:

> 首先,正如我前面所教导的,存在着许多东西的种子,它们有益于我们生命;反之,必定有许多别的种子在飞动,它们能够带来疾病和死亡。(Ⅵ,1093-1096)

这些引起瘟疫的种子或从世界的外面而来,或从大地里面升起。② 通过对于那场毁灭雅典的瘟疫的生动、有力的描述,卢克莱修结束了卷6以及他的整部诗歌。他已经向我们显示了自然的许多创造性的活动,如世界的产生、植物的产生和动物的产生。尽管他已经预言了世界将来的毁灭,但却不能对之给予充分的描绘,以便同他对于世界的产生的描绘相平衡。由于无法描绘世界末日的景象,他就用关于瘟疫的描绘来替代。他的描绘是极其令人悲哀、苦涩的,远远超过了这部诗中关于其他东西的描绘。然而,他用这样一种描绘来结束他的作品,并不是要表明他是一个悲观主义者。那无限强大而无目的的自然,既创造,又毁灭,因为它,万物得以存在;因为它,我们得以生活。既然摒弃了那不可靠而虚假的信仰,为了更好的生活,这就需要认识和接受自然的必然性。人们可以称卢克莱修关于瘟疫的描绘是其虔诚的证明,也是对于读者虔诚的考验;因为真正的虔诚是"能够静心观看万物"。

---

① Ⅵ,786-787;人们相信,恩尼乌斯所赢得的常青之叶的桂冠(Ⅰ,118),不是取于那株树。

② Ⅵ,955,1098-1102。

第五章　结语：卢克莱修与现代性

尼采是这样来论述伊壁鸠鲁主义最著名的对手——斯多亚学派的：

> 你们想"顺乎自然（依照本性）"地生活？哦，你们这些高贵的斯多亚主义者，这些话是何等骗人！请你们设想一下像自然（本性）那样的东西：极度浪费，极度冷漠，没有任何目的和体恤，没有怜悯和公正；富饶，同时又荒凉而变化莫测。请你们设想一下那作为力量的冷漠本身，你们如何能依照这冷漠来生活？生活，不正是要不同于那本性吗？①

尼采进一步断言，斯多亚主义者绝不可能顺乎自然（依照本性）地生活；相反，他们将自己的理念强加到自然身上并要求说，"依照斯多亚学派的才是自然"。

对于我们的现代处境和古典思想的关系，存在着一种占主导地位的当代观念；而对于斯多亚学派的这种尼采式的分析，其主旨与这种观念是一致的。我们的自我认识被认为可以直面那前所未有的困境，这种困境源于我们的知识，即，既然对于人类的目的和渴望，自然的宇宙不给予任何支持与指导，那它就是冷漠的，

---

① 弗里德里希·尼采（Friedrich Nietzsche），《超越善恶》（*Beyond Good and Evil*，也译为《善恶的彼岸》），考夫曼（W. Kaufmann）翻译，纽约，1964，p.9。

没有任何目的和体恤；而这种知识是现代科学赐予我们的。基于这种立场，我们通常遗憾地认为古代哲学是盲信，是头脑简单，并几乎总是带着一种优越感来看待它。古代人坚信：他们的哲学是观念论的（理念式的），他们能够真正地信仰它；自然被理解为是仁慈的、充满着理性的目的；自然的宇宙是一个被合理安排的宇宙，人类属于这个宇宙，在这个宇宙里面，他能找到其天然的位置，因此，自然会给予他指导，告诉他，他应如何生活。可惜的是，现在我们已经明白事理，对于人与自然的关系，我们不会持古代人那种宽慰的观念。我们的天文学已经证明了古代的宇宙观是错误的；我们的进化论也已经证明了，通过某种偶然的进程，人才从"非人"（non-man）转而成为人，在这里，没有任何来自某种有目的之自然的指导，也没有实现任何自然给定的目的。就这些内容而言，当代人对于古代哲学的看法同霍布斯一样：

> 这些学派（古希腊）的自然哲学与其说是科学，毋宁说是梦呓，讲的那些话都是毫无意义的。[1]

然而，伴随着近代科学和哲学而产生的这种希望，甚至是振奋，如今却已经荡然无存。对于近代科学所揭示出来的宇宙，最鲜明（深刻）的当代回应是存在主义，[2] 它肇始于 17 世纪的近代科学的发展的最近，或者末世的景观。恐惧、被遗弃感、非理性的意欲以及最后的虚无主义，这些构成了存在主义思想的核心；

---

[1] 霍布斯，《利维坦》第 46 章，p. 686。

[2] 存在主义和近代自然观念的联系，约纳斯（Jonas）在《灵知的宗教》（*The Gnostic Religion*, pp. 320-340）中的"结语：灵知主义，虚无主义和存在主义"（"Epilogue: Gnosticism, Nihilism and Existentialism"）；卡尔·洛维特（Karl Loewith）在《自然、历史和存在主义》（*Nature, History, and Existentialism*）中（尤其是第 2 和第 6 章），都给出了极其有趣的讨论。

它们极大地推动我们去寻求另外的途径来理解我们的处境。在古代思想家中，卢克莱修是最契合我们的，这是因为他关于自然的观点与我们近代的观点有着根本的一致。他值得我们给予严肃考虑，因为对于人类在无限、无目的、自然的宇宙中的处境，他清楚明白地向我们表达了人的一种完全不同的反应：既不接受当代存在主义的那种狂热的希望和极端的绝望的混杂，也不接受早期近代哲学的那种满怀希望的规划。他的论证所导致的结论是：对于人而言，最好的生活必须是顺乎自然的，尽管他的这种自然观并不充满慰藉。伊壁鸠鲁的教导就是一种根本的哲学出路。

当近代哲学（包括近代科学）在 17 世纪出现时，它认为自己乃哲学的一种新的开端，并非常自觉地与自柏拉图和亚里士多德而来的所谓的正统学派划清界限。在古代，伊壁鸠鲁主义在其根本教导的绝大多数地方，都曾经是柏拉图主义和亚里士多德主义的最强有力和最激进的反对者。结果，伊壁鸠鲁和卢克莱修的著作在 17、18 世纪被广泛阅读，并在许多方面都成为新的哲学—科学事业的灵感的源泉。① 新的哲学与伊壁鸠鲁主义所拥有

---

① 下面的这些著作可以帮助我们看清伊壁鸠鲁主义的传播和影响：
哈德瑞茨（Hadzits），《卢克莱修及其影响》（*Lucretius and His Influence*）。
约翰·斯平克（John S. Spink），《法国的自由思想：从伽森狄到伏尔泰》（*French Free-Thought from Gassendi to Voltaire*）；伦敦，1960。
弗西尔（C.-A. Fusil），"卢克莱修与 18 世纪的哲学家"（"Lucrèce et les Philosophes du XVIII siècle"），《法国文学史》（*Revue d'histoire littéraire de la France*），35（1928），194-210，以及"卢克莱修与 18 世纪的人文学者、诗人和艺术家"（"Lucrèce et les littérateurs, poètes et artistes du XVIII siècle"），《法国文学史》，37（1930），161-176。
诺曼·德威特（Norman W. DeWitt），《伊壁鸠鲁及其哲学》（*Epicurus and His Philosophy*），Minneapolis，1954。尤其是 pp. 8 和 35。

的共同基础是广泛和根本的。然而，关于人同自然的关系、关于人的自我认识，以及关于人应如何生活（尤其关于政治），新的哲学却得出了完全不同的结论。

由于伊壁鸠鲁主义和近代哲学既是如此类似，又是如此不同，所以我认为，将伊壁鸠鲁主义的政治哲学与三位近代政治哲学家，即霍布斯、孟德斯鸠和卢梭进行比较研究，是很适宜的。比较的目的有两个方面：首先，通过直接让卢克莱修的教导面对我们更加熟悉的思想的各个方面，突出卢克莱修教导的根本因素；其次，通过弄清近代政治哲学在哪里，为何与古代的唯物主义存在着差异，以至于人们认为它提出了一种新的见解（方案），我们试着澄清近代政治哲学的特殊性格。第二个目的或许更为重要。近代哲学如同我们呼吸的空气一样，如此严实地包围着我们，以至于我们只能很吃力地设法去认清它的特殊的意图和性格。然而，如果我们能合理地判断出近代哲学的长处和弱点，这样一种知识就是我们所需要的，因为对于铸就我们独特的现代世界的这种思想，我们既不愿意盲目地接受，也不愿意非理性地抵制。

就关于通常的自然和人的特殊本性的根本观点而言，霍布斯与伊壁鸠鲁主义有着很广泛的一致性。霍布斯对于自然的看法，是非目的、机械和唯物论的。他认为人绝不是天生的政治动物，他没有任何的自然倾向要在根本的社会生活中去寻求他的实现。对于人而言，善表现为快乐，恶表现为痛苦。和伊壁鸠鲁一样，霍布斯也将快乐看作在本质上是同质的，不存在特殊快乐的自然等级。最后，如果人类的命运要获得改善，恐惧是首先要被克服的东西；通过建立新的霍布斯式的政治秩序，对于死亡的恐惧将被尽可能地克服；通过启蒙，对于那无形的权力的恐惧也将被尽可能地克服。

然而，在一个根本的方面，霍布斯却不同于卢克莱修，那就是对于快乐和幸福的看法。霍布斯的观点与卢克莱修的诗歌并不完全相抵触，尽管那不是卢克莱修本人持有的观点。更确切地讲，它是卢克莱修所归于大多数人的观点，是他对于他们的激情（喜好）和生活方式分析的结果。霍布斯只不过接受了大多数人多少意识到的这种幸福观，他在这个问题上的立场与这样两种东西有着密切的联系：一是政治在其思想中占据首要的地位，二是从奠基于其哲学之上的政治理论中所产生的新的理想。

霍布斯这样表达他的幸福观：

> 根本不存在旧道德哲学家所说的所谓"终极目的"（Finis ultimus）和"至善"（Summum Bonum）……幸福就是欲望从一个目标到另一个目标的不断发展，前一个目标的实现仅仅为后一个目标铺平了道路。①

这种幸福观同卢克莱修所描绘的大多数人一生实际所求的是一致的。然而，在卢克莱修看来，对于幸福的这样一种理解是完全不能让人满意的，霍布斯所描绘的那种生活不可能导致真正的满足。对于卢克莱修而言，大多数人的生活方式显然并没有给予他们真正的（纯粹的）幸福，或让他们获得充分的满足，因此，对于日常的幸福观必须给予哲学的根本批判，只有这样，人们才能充分认识什么才是人的真正满足，并用它去取代前者。霍布斯不同于卢克莱修最显著的地方在于，在这个至关紧要的问题上，他接受了普通人的意见，因而霍布斯的哲学就其根本而言，是平等主义的（egalitarian）。从霍布斯的理论那里得到的益处是显而

---

① 《利维坦》第 11 章，p. 160。

易见的：既然它诉诸大多数人现有的激情（喜好），那它便可以现实地期望赢得广泛的民众支持。相反，卢克莱修的教导如果要赢得人们的接受，它就必须设法克服那主宰大多数人生活的激情（喜好）；而且，鉴于这种障碍，卢克莱修只能期盼比较少的人接受它。因此，霍布斯的理论能够拥有空前的政治效力，事实上，他瞄准的也就是这一点。霍布斯理论所表现出来的缺陷也同样是显而易见的：在那里，看不到哲学所应有的批判态度，即对于人们的善的生活的本性，这一最重大问题的日常意见的批判。

鉴于这样一种幸福观，以及否定在各种具体的快乐和喜好之间存在着一种自然的阶梯（等级），那么，人们不断地寻求更多的权力，获取各种激情（喜好）那变化着的对象，就变得合情合理了。因此，霍布斯不仅观察到"得其一思其二、死而后已、永无休止的权势欲"①，而且坦然接受之。由于最大的人类的权力来自人的结盟，因此，政治和国家（国民的共同体）就被认作对于人们是最重要的。

在对于恐惧的看法上，霍布斯也同样与卢克莱修有分歧。他并不试着给人们指出摆脱各种恐惧，甚至摆脱对于死亡的各种恐惧的办法，他更多的是将其注意力集中在"暴力死亡"（violent death）上。他之所以关注这种特殊的恐惧，有两方面的原因。首先，他采纳了大多数人所共同持有的关于善与恶、苦与乐、幸福与悲惨的意见。对于大多数人而言，因暴力而死亡是最强烈的恐惧。② 面对对其身体施暴的直接危险，一个人感到最强烈的恐惧，

---

① 《利维坦》第 11 章，p. 161。
② 如果考虑到霍布斯和卢克莱修两人都注意到的那个事实，这种断言必须被限定。那个事实就是，对于无形的权力的恐惧，对于地狱中永恒折磨的恐惧，都要比对暴死的恐惧更大。而霍布斯试图用他的理论来消解这些恐惧所造成的问题。

这多少是很自然的事情；而沉思因疾病或衰老导致的将来的死亡，所产生的恐惧就显得相当微弱。或许更为重要的是，在对于快乐和权力的不断追逐中，在日常的繁忙中，人们常常忘记他们的要死性；相反，暴死的逼迫却会强行引起人们对它的注意。其次，死亡本身完全不可避免，但他人所导致的暴力死亡却是人们可以潜在地加以控制的。因此，就（克服）恐惧而言，在霍布斯主义那里，政治必然占有首要地位。

霍布斯所提出的国家（国民的共同体），其目的就是让人们摆脱暴力死亡那最可怕的危险。但它并不能让人完全摆脱恐惧，因为恐惧本身为国家的建立提供了基础。恐惧反映了人类处境的真实状况，并使得人们屈从于理性，情愿相互间平等地放弃（让渡）各自的权利，以便建立一个强有力的主权者来捍卫和平。在谈到以武力（征服）所取得的国家的主权时，霍布斯说：

> 人们之所以要选择其主权者，是因为他们互相畏惧，而不是因为他们畏惧他们按约所选择出来的人。但是，在以武力取得国家主权的情形下，人们所臣服的人就是他们所畏惧的人。然而，在这两种情形中，人们建立主权都是出于畏惧。[1]

这样形成起来的霍布斯式的国家会减轻，但不能摒除对于暴力死亡的恐惧。在一个和平的国家中，恐惧不会猛烈地迸发，但必是仍然潜伏的，这将时时提醒人们，保持健全的理性去服从社会（公共）权力。因此，它也必须不能变得比其他的恐惧（首要的是对于不可见的权力的恐惧，以及对于死后惩罚的恐惧）更微

---

[1] 《利维坦》第 20 章，p. 252。

弱。在克服迷信这一重要的问题上，霍布斯与卢克莱修是一致的，然而，他的动机却与其有着决然的不同：霍布斯主要关心的不是让心灵从徒然的恐惧和忧虑中摆脱出来，而是除掉叛乱的潜在根源。

简而言之，霍布斯的政治学说力求实现伊壁鸠鲁主义所提出的"安全"这一根本的目标。但是，因为它是"政治的"，就解除人的恐惧而言，这种学说同伊壁鸠鲁的教导相比，只达到了非常狭小的目标；因为它强调政治，故它的目标在于大多数人都必须能够参与。霍布斯似乎认为，伊壁鸠鲁主义要完全摒除对于死亡的恐惧（以及相关联的全部恐惧），达到这一目标是不可能的。事实上，他的政治学说要求着卢克莱修似乎也承认的那种东西，即大多数人必然总是要有对于死亡的恐惧。

霍布斯声称：

> 通过勤勉的思考，可以找到使国家体制永远存在的理性原理（除受外在的暴力作用以外），而它们就是我在这本论著中所提出来的那些原理。①

一种霍布斯式的国家不仅要实现抵御外敌入侵和维持国内和平这一根本的目的，它还要为人们求得安全：

> （而所谓的安全）不单纯是指保全性命，而且也包括每个人通过合法的劳动，在不危及或伤害国家的条件下可以获得生活上的一切其他的满足。②

---

① 《利维坦》第30章，p.378。
② 《利维坦》第30章，p.376。

此外，既然哲学的目的就是求得这样一些满足，霍布斯据此提出了一种新的哲学或科学的观念，他将哲学定义为：

> 哲学乃推理所获得的知识，即根据任何事物的发生方式推论其性质，或是根据其性质推论发生的某种可能方式；这样做的目的是使人们能够在物质或人力所允许的范围内，产生人生所需要的结果。①

或者，用笛卡尔更为生动的话说，古代的思辨哲学将为这样一种哲学所取代：

> （将产生）一种实践哲学，通过它，人们将把火、水、空气、星辰、天宇，以及我们周围一切物体的力量和作用认识得一清二楚……然后，我们就可以因势利导充分利用这些力量，让我们成为支配自然界的主人翁。②

霍布斯预见，由于这种新的政治哲学，有可能产生一种持久稳定的政治和平；同时，由于这种精确的（数学式的）自然科学，人们可能更加成功地征服自然，从而为人类的生活提供更多的满足。为这样一种前景所打动，他致力于实现让人类的生活得到不断改善这样一种希望。这种希望和前景的吸引力很容易为人们所赏识，而卢克莱修教导所表现出来的苦涩和严厉则几乎没有什么吸引力。如果自然如同卢克莱修所描绘的那样，对于我们的福祉漠不关心，那为何不利用我们日益增加的力量去完全征服它？如果大多数人都为各种恐惧所折磨，那又为何不希望重塑我

---

① 《利维坦》第46章，p. 682。
② 笛卡尔，《谈谈方法》（*Discourse on Method*），pt. VI, para. 2。

们的政治来消灭它们（即各种恐惧）当中最坏的一个？如果大多数人都不满足于对身外之物的适度欲求，那又为何不利用我们的科技，为我们日益增长的需求提供相应的满足？

对于卢克莱修来说，国内政治的宁静与和平毫无疑问是善的，在他的诗歌的一开始，他就祈祷和平，以便他能够心无旁骛地从事他的工作。物质的富足和各种技艺的发展在某种程度上也是善的；使哲学成为可能的闲暇要得以存在，满足某种最低水平的需求是必要的。然而，这些东西，尽管对于幸福是必要的，但它们全都只有次生的重要性。将最重要的东西看作属于政治和技术，并寄希望于这些领域中的进步，必然会拒绝关注那对于真正的幸福而言至关紧要的东西。

内战或争夺政治权力所引发的骚乱当然会导致一个人的非正常死亡。但对于这样一种危险，卢克莱修持与苏格拉底一样的立场；面对克力同（Crito）对于大众能力（意见）的议论，苏格拉底回答说：

> 但愿大众能行大恶，以便他们也能行大善，这反而好了；但实际上，他们这两者都不能做。①

我们终归不免于一死，而对于暴死的恐惧仅仅是我们各种恐惧中的一种。② 和徒劳地去保全性命相比，对于我们的福祉而言，更为重要的是去认识万物的本性，认识我们自己的本性，首要的是要认识到我们的必死性。只有这样，人们才会出于完全的自

---

① 柏拉图，《克力同》（Crito）44D。
② 伊壁鸠鲁，《格言集》13："如果我们对于天上、地下，简而言之，对于无限的宇宙中所发生的事情感到疑惧，那获得与他人相处的安全并没有什么好处。"

觉,甘心于人类处境的真实性;只要万物的本性和人事的命运允许我们活着,我们就能享受那未被玷污的生活的乐趣,尽管同时也或多或少意识到那噬人的忧虑。满怀希望地力争实现某种政治目的,必将会让他自己因每一次的受挫而陷入精神的痛苦之中,而他的那些计划更是会让他丧失那些最重要的东西。最重要的是,这样一种寻求安全的徒然希望会让人产生对于他人和外在的事物的内在依赖;反之,伊壁鸠鲁式的简朴自足却会获得幸福最本质的东西,因为它是在个体的自然能力以内的。

  从卢克莱修的立场来看,那种为了得到生活所需的更多的满足而去征服自然的筹划,将会得到同样的评价。在他看来,一旦超出自然限度,快乐就依赖于想象;快乐的范围和种类是无限的,但真正的满足(或纯粹快乐的数量)却并没有增加。相反,对于无限快乐的追逐却必然伴随着更大的忧虑。因此,这样一种筹划乃奠基于幻想之上,那是遗忘了我们被注定的自然限度。我们越是筹划(为了避免匮乏所带来的精神痛苦),对于他人和外在事物的依赖就越大。而最糟糕的是,这种筹划将哲学用来服务于人类的这种无限制的欲求,从而让哲学远离了它的最高目的:为那些有能力幸福生活的人提出最好的生活方式。哲学是一种方法,通过它人们能够摆脱各种错误的信仰、非自然的欲求,以及徒然的各种恐惧。只有通过哲学对于必然性的质朴的认识和接受,人们才能得到真正的独立。为了实现这一目的,哲学必须拒绝各种虚幻的梦想,然而,哲学却也有可能使那些梦想变得更诱人。

  孟德斯鸠在分析罗马帝国衰亡的原因时,表达了他的看法:"在共和国末期传入罗马的伊壁鸠鲁学派,极大地腐蚀了罗马人的心灵和精神。"他给出了一个例子,那就是西塞罗在一封信中,谈到了美姆米乌斯在政治上营私舞弊和作伪证,而就是这位美姆米乌斯,卢克莱修将其诗歌《物性论》献给了他。① 孟德斯鸠对于伊壁鸠鲁主义的指责是双重的:伊壁鸠鲁主义的理论破坏了人们对于古代共和国的留恋(爱);它腐蚀了他们的公民德性。此外,在它做完了这些事以后,却又没能成功地劝说大多数人依照伊壁鸠鲁哲学的原则去生活;它也没能成功地使得大多数人的心灵更加纯洁,让他们抛弃过多的欲求;甚至卢克莱修教导的那位特别接受者②也依然为政治野心所主宰。伊壁鸠鲁主义损害古代类型的共和国,这种共和国的原则是德性;而它又没能成功地革新大多数人,让他们依照伊壁鸠鲁式的理想来生活。

在《论法的精神》中,孟德斯鸠给予英国的政治体制以最高的颂扬,因为英国是一种混合政体(部分君主制,部分共和制),其国家的稳定和繁荣并不奠基在德性(品德)的基础之上。人们可以有野心、有派系,可以是自私的;他们能够通过工业和商业贸易而追求生活的舒适和财富。简而言之,庸俗的伊壁鸠鲁主义事实上让大多数被腐蚀的罗马人热衷追寻的那些东西,他们都可以去追寻。然而,不同于罗马,英国并没有因缺乏那种德性,因各种各样的自私的好恶(激情)而毁灭。权力的分离和制衡,制度化的结构,使得英国保障了自由,并日益繁荣。在将英国描绘为值得仿效的典范的时候,孟德斯鸠指出了一种方法,即面对庸俗的伊壁鸠鲁主义,政治秩序如何得以稳固,而不是被它所腐蚀和毁灭。

在此,对于真正的伊壁鸠鲁主义和庸俗的伊壁鸠鲁主义,应当

---

① 《罗马盛衰原因论》(*Consideration on the Causes of the Greatness of the Romans and Their Decline*),洛温塔尔(D. Lowenthal)翻译,Ithaca, N. Y., 1968. chap. 10, pp. 97–98。

② [译注] 即美姆米乌斯。

予以严格的区分。正如我们已经看清的，真正的伊壁鸠鲁主义是卢克莱修所给出的那种，它要求改变人们流俗的意见、关切和激情，这种改变只有很少的人可以实现。另外，由于它明确宣称，对于人而言快乐是善的，由于它完全拒绝流俗的各种意见（如宗教中的那些意见），因此，伊壁鸠鲁主义可能会导致某种始料不及的后果。伊壁鸠鲁主义有可能既没有从根本上改变人们的各种激情（好恶），又让人们摆脱了日常的约束，并毁掉人们对于家庭和国家的热爱与忠诚。因此，伊壁鸠鲁主义有可能完全没有使人们对于快乐的寻求变得纯洁，却导致人们肆无忌惮地追逐安逸享受。卢克莱修自己理论中的那种简朴，甚至是严苛，其目的就是减少这种不当的后果。相反，孟德斯鸠却接受了那种后果；面对庸俗的伊壁鸠鲁主义的泛滥，他还指出了让政治秩序得以稳固的途径。

在这些方面，以及就一般的意义而言，孟德斯鸠的目的同霍布斯的是一致的。然而，伊壁鸠鲁—霍布斯的根本目的是通过政治让人们摆脱恐惧，孟德斯鸠却相当多地扩展了这一根本目的的范围。当然，在他那里，也包含了霍布斯的基本的对于国内和平的关注，对于强大而稳定的政治秩序的关注。同霍布斯的大多数批评者一样，作为最重要的批评者，洛克—孟德斯鸠也同样关心人们对于他们生活于其间的政府的恐惧。在其原则就是恐惧的专制国家中，这种恐惧达到了顶峰；同洛克一样，孟德斯鸠也担心激进的霍布斯式的原则有可能导致专制。诚然，霍布斯会承认，他的政治秩序从根本上就依赖于恐惧，或者，用柏克[①]的话讲，就是在每一处的尽头，都矗立着绞刑架。因此，孟德斯鸠考察并

[①] ［译注］柏克，即埃德蒙·柏克（Edmund Burke），18 世纪英国著名的政治哲学家，著有《反思法国革命》（*Reflections on The Revolution In France*）。

赞许地记述了不同的政体,在那里,政府是宽和与有限度的:在这方面,英国似乎是典范。然而,像法国这样的君主国家,倘若它的中间力量(如贵族)能保持足够的活力,使得君主依照根本的法律进行统治,那也是可取的。

缓解人们的恐惧,孟德斯鸠对这一问题的更广泛的关注,使得他关心政府宽和的一面,关心政府在它的整个运行中所能带给人们的安全感。在霍布斯的理论中,由于它强调对于主权者的恐惧,因此,在那里明显存在着极为严酷的成分。相反,对强制和恐惧的政治基础,孟德斯鸠却试着予以缓和和掩饰。他之所以强调政治的宽和与人道,就是为了能给公民提供一种比在霍布斯式的政治体制中更多的安全感。这种安全感,在一定的限度内,类似于伊壁鸠鲁主义所努力争取的心灵的宁静(和平)。然而,这种孟德斯鸠式的政治目标是容易实现的东西,几乎所有的公民都可达到,它不会要求(事实上也与之不相容)卢克莱修式的对于严酷的自然必然性的沉思。

都是要缓解人的恐惧,但同霍布斯相比,孟德斯鸠所关注的要宽泛得多,最清楚的例子就是,孟德斯鸠非常强调刑法、刑事审判中的程序模式,以及所施加的惩罚的重要性。对于每一个公民而言,政治自由"就在于要有安全,或者至少相信自己安全。在公共的或私人的控告中,这种安全受到的威胁最大。因此,公民的自由主要依靠良好的刑法"。孟德斯鸠甚至说:

> 在刑事审判中所应遵守的最稳妥的规则,人们从某些国家那里已经获得,将来还会在其他国家那里获得;这些知识,比世界上任何东西都令人关切。①

---

① 孟德斯鸠,《论法的精神》(*De l'esprit des lois*),卷 2(巴黎:Garnier, 1961),第 12 章,第 2 节(Ⅰ, 197)。

对于罪行的惩罚往往随着政府形式的不同而不同。在专制体制中,这些惩罚都是严酷的,甚至是残忍的;然而,在一个宽和的国家里,它可以变得温和,但却又能发挥其作用。极端幸福和极端不幸的人都倾向于严酷(孟德斯鸠以僧侣和征服者为例);只有处于平凡地位,再加上命运逆顺的混合,才会使人温和、有恻隐之心。类似的不同在国家那里也能看到。在野蛮人居住的地方和专制的国家中,① 人往往都是残忍的。

> 仁慈仅仅存在于政治宽和的国家中。当我们从历史中读到苏丹司法残暴的例证的时候,不禁满怀痛苦地感到人性的邪恶。在政治宽和的国家里,对一个好的立法者来说,任何东西都可以用作对人的惩戒。②

孟德斯鸠对于惩罚的结论是:

> 治理人类不要用极端的方法;对于自然所给予我们用来统治人类的那些手段,我们必须谨慎地加以使用……让我们顺从自然吧!它给人类以羞耻之心,将羞耻作为对于人类的鞭挞;让我们把丧失名誉作为惩戒的最重要的部分吧!③

由于孟德斯鸠对于政治秩序的整个领域,以及与政治相关联的各种原因之间的巨大差异都进行了考察,因此,对他给予某种一般的论断是非常困难的。但是,我们却似乎可以大胆地说,他的理论的要旨就是主张那样一些政府:一方面要能维持适当的秩

---

① [译注] 孟德斯鸠认为,在专制国家中,只有一个人受到命运的极端的恩宠,而其他的一切人则都受到命运的凌辱。
② 第6章,第9节(Ⅰ,89)。
③ 第6章,第12节(Ⅰ,91)。

序，同时还要将最少的痛苦和最少的恐惧加给其公民。同霍布斯所做的一样，但要宽泛得多，孟德斯鸠也试图将伊壁鸠鲁主义的目标转换到政治领域中去。因此，他反对专制、残暴的政府和法律，以及导致残忍和暴力的各种各样的极端言行；他主张温和、宽柔、善良，以及仁慈的怜悯。

孟德斯鸠的理论有着无比广阔的领域，他避免给出一种理所当然的主权者的普遍论说，而这都是同他对某些东西的特别关注相联系的。人所生活的处境剧烈地变动着，气候、地理，以及谋生之道，无不在剧烈地变化。正如孟德斯鸠所谓的，人是"具有适应性的存在者"（that flexible being）。[①] 面对变化着的处境，人只能通过持续不断地发展各种各样的习惯、信念，以及用组织社会的方式应对。因此，强迫人们接受任何一种国家形式，或者坚持法的一种普遍理论，都是不现实，也绝对不可能的；并且，如果试图这样做，必然要诉诸可怕的暴力。这样一种企图将导致邪恶，而这些邪恶正是孟德斯鸠最希望政治社会加以避免的东西。因此，当他在被给出的方向上指出一种可能的进步的时候，他是以一种非常温和、宽柔的改革主义的姿态来进行的。

孟德斯鸠不是一位教条主义者，他容忍，甚至似乎很高兴人事所表现出来的那种惊人的多样性和差异。将恐惧和痛苦降到最低这一政治目标的成功实现，要求人们充分考虑政治社会中的当前处境，并对政府所欲做的事情给予限制。尤其是，国家的一般精神就是立法。孟德斯鸠问道："如果性格一般是好的话，那么就是有些瑕疵又有何关系？"

   在不违反国家原则的限度内，遵从民族的精神乃立法者

[①] 序言，p.2。

的职责。因为当我们自由地,并顺从我们的天然秉性而行动的时候,就是我们干得最好的时候。①

"我们不必什么都要改正。"② 孟德斯鸠没有说出这一类事情(即不必加以改正的事情),但他坚持认为:

> (我)不是要去减少品德和邪恶之间存在着的那无限的距离。千万不要这样(上帝不许,A Dieu ne plaise)!我只是想使人们明白,政治上的邪恶并不都是道德上的邪恶,道德上的邪恶也并不都是政治上的邪恶;那些制定了违反一个民族的一般精神的法律的人们,不应该不了解这一点。③

因此,通过对法律和国家的范围的限制,孟德斯鸠在另外一种意义上让政治世界对于伊壁鸠鲁主义来说是安全的。一种孟德斯鸠式的国家没有过多的要求,不会四处探查,无孔不入;同古代的共和国、专制体制,以及霍布斯式的君主制相比,它允许人们拥有更大的私人生活的空间。因此,在孟德斯鸠式的政体中,伊壁鸠鲁主义学派更容易得到容忍。通过对思想者的支持,通过学院,这种政体甚至试着缓解他们对于政治的敌意;或者寻求让他们的反思成为为整个社会提供更多的产品的路径。通过在政治和哲学这两者中的各种改变,从而使得它们达致彼此互惠的合作。

孟德斯鸠试图扩展自由的范围,这种自由是对于恐惧的摆脱,是一个好的政治秩序所能提供的;他还指出了这种自由如何

---

① 第19章,第5节(Ⅰ,319–320)。
② 第19章,第6节(Ⅰ,320)。
③ 第19章,第11节(Ⅰ,323)。

得以可能，并且用的是最小的强制，是尽可能地与我们的自然秉性不相冲突的很少的干预。卢克莱修发现，政治生活本质上就表现为强制和对于惩罚的恐惧；通过建立法律，而结束人们之间的战争，但他对此却给予这样的评说："从那时起，对惩罚的恐惧就玷污了生活的一切奖品（胜利品）。"（V，1151）孟德斯鸠不会宣称，强制和恐惧可以被根除；它们的存在总是有其必然性的。伊壁鸠鲁主义认为，自由所扮演的关键的角色就在于它让人摆脱痛苦和恐惧，让人获得幸福和快乐；孟德斯鸠在接受伊壁鸠鲁主义对于自由这一根本的观念的同时，他也试图尽可能地通过限制强制性的政治法律的范围，通过使它们的强制变得更加有规律和确定，以及通过提供更合乎人道的惩罚，来回应伊壁鸠鲁主义对于政治的反对。或许卢克莱修会认为，孟德斯鸠不同于霍布斯的最显著的地方就在于，它提供了明智的政治改良。如果孟德斯鸠的原则通过很少的可怕的惩罚和极其有限的对公民生活的干预，就能获得足够的国内政治和平，我们很难想象，对于这样一种不同于严厉的霍布斯式的政治原则，伊壁鸠鲁主义会给予反对。另一方面，孟德斯鸠政治理论所表现出来的温情、吸引力和宽和，同霍布斯的理论相比，却会让人们更加远离卢克莱修所给予我们的关于自然和人类生活的真理。无论如何，我们所认识到的卢克莱修同霍布斯之间的抵牾，同样适用于孟德斯鸠的理论；并且，通过卢梭那强有力的声音，我们将会发现关于他们的许多论点的一种新表达。

卢梭对于现代政治哲学，甚至对于整个人类的信仰和鉴赏力的那令人惊讶的强有力的影响，始于他对整个霍布斯—孟德斯鸠式的在政治中的启蒙方案的激烈批评。这种批评部分出于以德性的名义，部分出于政治秩序的需要，严格来说是回到了柏拉图和亚里士多德的古典政治哲学：这就是《论科学与艺术》，以及为何《论人类不平等的起源和基础》要"献给日内瓦共和国"(Dedication to Geneva) 的要旨。卢梭在《论人类不平等的起源和基础》中更是以人类"幸福"的名义让这种批评得到更加根本的发展,他称这篇论文是他的最大胆的作品,也是他充分发展了其体系的根本原则的第一部作品。① 在这篇独特的作品中,卢梭显然受到了卢克莱修很大的启发:他分析了人类原始时期的处境,以及随后人类脱离原始状况的每一步;分析了前政治社会的性格;分析了随后的发展,即人类如何摆脱混乱和暴力,通过政治社会的契约(带有强制性的法律)来建立制度——在所有这些方面,卢梭都追随了卢克莱修所给出的主要方向。

我们可以这样来概括卢梭和卢克莱修之间存在着的许多最重要的一致性:同卢克莱修一样,卢梭也对于政治社会存有敌意,并且彼此根本的理由也是一样的:在政治社会这个领域中,充满着错误意见、非自然的激情,以及各种被加重的恐惧;这一切都是同真正的幸福,同自然的满足,同没有逼迫的快乐不相容的。人原初是独立、自足的,因为他的欲求仅仅在满足自然的快乐的限度内。开始同他人一起生活,各种似乎有助于生活的新事物的发现,各种技艺以及先见之明的出现,所有这一切都破坏了人以前的自足,并产生了对于新事物的无止境的欲求。在卢梭和卢克莱修看来,其中至关紧要的相关因素是虚无或骄傲;是对于他人意见的在乎和依赖;是渴望在财富、权力和尊严上都凌驾于他人之上的野心;最终就是对于那些并不是自身就是好的,而仅仅在他人的意见中是好的事物的无止境的欲求。卢克莱修是这样指出这一点的:

---

① 《全集》(Oeuvres completes) Ⅰ, 388, 407。

> 让他们去流尽他们生命的血汗，徒然弄得筋疲力尽；让他们去沿着野心的狭窄的道路斗争着。因为他们的智慧都是出于他人的口中（sapiunt alieno ex ore），他们寻求的都是听来的而不是他们自己思考出来的东西。（V，1131-1134）

对此，卢梭表达了相同的观点：一个野蛮人要理解一个满怀抱负（野心）的人为何要那样劳神费力，

> 在他的心灵中就必须先要有权势（power）和名望（reputation）这些词汇的意义；他还必须知道，有一种人相当在乎世界上其他人对他们的看法，而他们所以认为自己是幸福的并对自己感到满意，与其说是根据他们自己的证明，毋宁说是根据别人的证明。实际上，所以有这一切的差别（即野蛮人和社会的人），其真正的原因就是：野蛮人过着他自己的生活，而社会的人却总是失去自我，只知道生活在他人的意见中；也可以这样说，他们对他们自己生存的意义的看法都是从别人的判断中得来的。①

由于卢梭对原始人生活场景的描绘更加迷人，这就显得他对政治社会的批评甚至比卢克莱修更加激烈。他们两人都认为原始人是强壮的、独立的，欲求是有限度的，也没有迷信的恐惧。但卢克莱修却指出了原始状态中的真正缺点：在那里，由于没有衣服和火，因此人们饱受风寒的折磨；他们可能因野兽的攻击而暴死；即便身受重伤侥幸逃脱，但由于对于医术的无知，也终不能免于一死；他们还常常饱受饥馑的折磨。相反，卢梭却明确地反对上述中的每一点，他详细地描述说，（在原始状态中）自然所

---

① 《全集》Ⅲ，193。

提供的食物是充足的，人的自然能力足以对付任何野兽，人的自然体质也完全可以不依赖于任何医术。因此，在卢克莱修看来，人类脱离原始状态的发展有着自然进行的性格；反之，对于卢梭而言，这些变化都是某种不同寻常的暴力原因，或偶然所导致的。① 卢克莱修强调了所有后来发展的自然开端，因此，他给我们留下了这样一种印象，即发展的几个阶段之间存在着一种连续性，即便是作为最后结果的政治社会（正如我们所看到的，在那里充满着各种非自然的欲求、恐惧和意见）的产生。卢梭则强调了原始自然状态的完整性，强调根本不存在任何自然的需要使得人们会脱离它；强调根本不存在任何的自然能力（首要的是理性，在卢梭看来，在自然状态中的人那里，不存在着理性），这些能力的完善必然使得人类脱离自然状态。因此，卢梭最后强调了它们（即自然状态和文明状态）之间的巨大差异，强调了将社会的人同自然状态中的人区别开来的那种"鸿沟"（immense space）。② 结果是，政治社会中的大多数人的处境似乎都让人感到绝望，并且，同卢克莱修相比，在卢梭的眼中他们也更糟。

可是，不是卢克莱修，而是卢梭为我们提供了某种矫正政治生活缺陷的希望，给出了一种政治改革的方案。这首先似乎让人感到矛盾，但实际上它同我刚刚讨论过的那些差异相关联。卢梭所看见的自然状态中的人和今天的人之间的这种"鸿沟"，指向的是将人与禽兽区别开来的那种能力，即人能"臻于完善"或具

---

① 胡贝特（Rene Hubert）在讨论导致人类发展的偶然的外部情况时，给出了一个很有吸引力的建议："那不过就是伊壁鸠鲁的原子的倾斜（clinamen）被用到了社会领域中。"《卢梭与百科全书派》（*Rousseau et l'Encyclopédie*），巴黎，1928，p. 95。

② 《全集》Ⅲ，192。

有"延展性"。这种自我完善化的能力"几乎是无限的"(almost unlimited);① 其最强有力的声称就是自然状态中的人没有我们所以为的那些专门属于人的能力,如理性。因此,对于卢梭而言,完全可以设想一种被根本改变了的政治秩序,在那里,人类将改头换面,他那被改善了的激情将使他献身和满足于成为一种根本的平等主义的民主制度中的公民。这样一种人的生活不是回到了原始状态,而是对自然状态中的生活的整体和满足的一种摹仿,是一种类似,尽管这种生活是用完全不同的要素构建起来的。

对于生活在社会中的人来说,类似于自然状态中的人的幸福生活可能是什么,卢梭在《爱弥儿》(*Emile*)中给出了最充分的讨论。在为了幸福而进行的教育中,我们能看到,卢梭接受了构成伊壁鸠鲁主义幸福观念的绝大多数要素。毫不夸张地说,《爱弥儿》向我们显示的,就是如何通过教育,让一位没有什么特殊天赋的普通人在很多方面都成为伊壁鸠鲁式的哲人。为了让一位普通的人达成此目标,卢梭所能设想出来的方案的关键,就是他提出的独特的教育的消极特性。其目的就是首先防止所有的激情、成见和恐惧(卢克莱修和卢梭两人都将它们看作在折磨大多数的社会中的人)的产生。这种消极教育(negative education)奠基于卢梭式的观念之上,而卢克莱修和柏拉图两人都对这种理论持反对意见;这种理论认为,人可以生活在一种没有各种意见的自然无知状态中,在那里,人没有哲学知识,也不为各种错误的意见所统治。因此,指导教育的基本原则就是"没有规则(准绳)!"(No precepts!)如果一个孩童被人告知去做什么,但他有可能希望做别的事情,他就会因此变得愤怒、反叛,或者进行欺

---

① 《全集》Ⅲ,142。

骗；如果他屈从了这些命令，他又有可能会变得卑躬屈膝，或者心怀野心，以便获得同样的地位去要求别人，或者兼而有之。总之，他会开始在乎他人的意见，从而将自己的幸福依托在他人身上。相反，卢梭试图教育他成为自足的，在其激情（好恶）和判断方面，都有着真正内在的独立性。为此，孩童几乎应被单独抚养，以免发展出各种徒然的激情，那些激情乃处于同他人的竞争性的关系中。他将会自由地（没有规则）学习从其身边的所有事物中得到的经验。他不会被刻意地保护，而是通过经验（其中有一些是痛苦的）学会接受统治世界的那些必然法则。这种教育的顶点就是最终获得关于他在这个世界中的位置的知识，一种独立的判断，这种判断使得他将万物同他的真正的自然福祉联系起来，并安心于他的各种行为和快乐。

伊壁鸠鲁式的哲人却必须通过很大的努力，通过哲学，才能使他自己摆脱那些腐蚀我们幸福的无止境的欲求、错误的意见，以及徒然的恐惧。通过这种艰难的努力所获得的生活方式是顺乎自然的，因为它是基于对真理的认识和接受，这些真理既关乎普泛的物性，也关乎我们自己所特有的本性。相比之下，由于消极教育，不需要特别的努力或非凡的能力，也可以说，是自然地，爱弥儿就轻松地达到了相似的心灵境界，然而，另一方面，爱弥儿的教育又是高度人为的。他所处的环境完全被他那智慧而有远见的导师计划和控制着；教育甚至是欺骗性的，因为爱弥儿没有意识到这种人为的控制，还以为他仅仅是学习从世界中的事物得到的经验。因此，就教育一词任何的通常的意义而言，爱弥儿的生活都不是自然的，而是卢梭巧妙设计的结果。称这种教育为自然的，卢梭的理由就是：

> 为了防止一个生活在社会中的人变得十分虚伪，必须使

用很多巧妙的办法。①

当卢梭在卷5、卷6中为了社会生活而更加直接地塑造爱弥儿时,奇思妙想、人为设计的东西所占的比重也就越来越大。卢梭对待爱情的态度,无论是就其自身而言,还是同卢克莱修相比较,都是非常显著的例子。正如我们所看见的,对于卢克莱修而言,爱情是一种虚构,它有赖于想象,将许多本不存在的属性赋予他所爱的人。爱情所导致的混乱、独立性的丧失,以及各种痛苦,使得卢克莱修教导说,最稳固的幸福需要克服爱的激情。就爱情的性格而言,卢梭同意卢克莱修的观点:爱情不过是"虚构、幻觉和梦想。我们想象中的人总是比我们实际追求的对象更可爱。如果我们发现我们所爱的对象不过就是那个样子,那么,世界上就不会再有爱情了"。② 然而,卢梭非但不拒绝这样一种爱情的虚幻激情,反而在爱弥儿身上培养它,引导他孕育出对未来妻子的一种虚幻理想。卢梭使用这种虚幻的激情来压制爱弥儿那刚刚萌生的性欲,并引导这种必然出现的精神活力去发展出社会生活所必需的其他那些情操,如同情心。通过爱情,爱弥儿最后被塑造为一位充满爱心的丈夫,他深深依恋着他的妻子和家庭,从而也同作为整体的社会紧密相连。

在为了其幸福而塑造爱弥儿的过程中,卢梭采纳了伊壁鸠鲁主义观念中的那些本质性的要素,但是却抛弃了它那严苛的一面——即坚持最大可能的自足和独立,不带丝毫幻想地直面我们的本性和我们的处境的真理。这种差异部分来自卢梭的政治意图。如果爱弥儿身居其间的政治共同体的性格使真正的公民身份成为

---

① 《全集》Ⅳ,640。
② 《全集》Ⅳ,656。

可能的话，他会被塑造为一位好公民。此外，在卢梭看来，作为一名普通人，爱弥儿似乎需要全心全意地爱恋他的妻子和家庭，对他的所有朋友有着主动的同情心，而这些都是伊壁鸠鲁主义的理论所要根除的。

总之，爱弥儿的幸福比大多数人要多，但同卢梭本人所到达的幸福相比——正如他在《一个孤独的漫游者的遐思》(Reveries of a Solitary Walker)中所描述的，要不完满得多。在那里，卢梭称自己是孤独的，顺从的，对身外之事毫不关心。他已经发现了一个梦幻之都，在那里他能体验到存在的纯粹感。这个国度是如此地甜蜜，以至于为所有人的不幸提供了幸福的补偿，或者说，它根除了人的邪恶；在那里，人如同神一样自足。① 卢梭这最后的满足，更接近于伊壁鸠鲁所希望的自足，而不是爱弥儿的幸福。但它依赖于虚构、幻觉和梦想，而不是伊壁鸠鲁式的对于自然的沉思、理解和接受。卢梭似乎最后发现了卢克莱修那关于整个自然的严苛的观点，这种严苛对于他来说是无法忍受的，正如它对于爱弥儿是不适合的一样。首要的是，卢梭没有将其理论中的任何方面献给我们世界的起源和未来的毁灭，或者献给我们世界那永恒的本性——它存在但却短暂。

就对于人类幸福问题进行探究的广度而言，同霍布斯和孟德斯鸠相比，卢梭要更接近卢克莱修的理解。对于"什么是人的真正满足"这一难题，他再次提问，而霍布斯和孟德斯鸠两人的理论都试图给予解答，或者将之排除在政治哲学的领域之外。由于卢梭，人是社会的动物的根据再次变得复杂和成问题；科学、技艺和经济发展中的进步都成为可疑的东西；哲学，或科学与社会的福祉之间的关系也再一次变得紧张起来。在对于这些难题的仔细

---

① 《全集》Ⅰ，1047。

思考中，卢梭的表达有时几乎同卢克莱修一样凄凉和令人失望：

> 痛苦总是多于快乐；对于所有的人而言，此乃共同的差别。因此，在这个世界上，人的幸福仅仅存在于消极的状态中；我们衡量它的标准就是，看谁所遭受的痛苦最少。①

但是，在另一方面，卢梭甚至比霍布斯更远离卢克莱修的见解，也就是说，他对于人类处境中的进步的希望，要更加强烈。他相信人的本性要比以前人们所以为的更具适应性，更可塑造。通过想象（虚构），人的激情能被重塑；通过这种方法，卢梭展望了人的道德情操和政治生活（它们可能会给人带来很大的幸福）中有可能出现的变化。不是像卢克莱修那样平静地接受那严苛的自然的必然性，卢梭给出了新的希望：对于普通人，会出现一个民主政治的社会，这种社会奠基于对于所有人的平等的权利的尊重，以及对他人的同情之上；对于非凡的人，则是一种梦幻般的福佑。

尽管我们已经讨论了这三位近代哲学家都与卢克莱修有共同之处，尽管他们又彼此不同，但他们大都有着一个希望，希望在人的命运中会产生一种根本的进步，正是这一点使得他们都不同于卢克莱修。卢克莱修不会怀有这样一种希望，认为人的命运能得到真正重要的改善。为了解决人的幸福这一难题，寄希望于政治是必然的；但在卢克莱修看来，这遗忘了最重要的东西，那就是只有对于万物的本性以及置身其间的我们的处境有着一种清楚的认识，我们的快乐才有可能如万物的本性所允许的那样纯粹，我们的幸福也才有可能如万物的本性所允许的那样稳固，摆脱对

---

① 《全集》IV，303。

于他人和运气的那令人担忧的依赖。利用科技去征服自然，以此来寻求人的处境的改善，这是一种自我遗忘，是不可能的，也是不合需要的。说它是一种自我遗忘，那是因为与那无限而永恒的自然的宇宙相比，我们真的很微不足道，而它对此却视而不见；说它是不可能的，那是因为那无限的自然（对之我们根本不能加以控制）最后会毁灭我们的世界，会毁灭我们的一切作品；说它是不合需求的，那是因为它有赖于对那些永无止境的徒然欲求的屈膝，而为了真正的幸福，这些徒然的欲求本应被抑止。为了过上一种好（善）的生活，需要的是人自身的某种改变；然而，在卢克莱修看来，这种改变只能来自对真理的认识，以及人的激情和生活方式的相应改变。但是，正如卢克莱修所看清的，真理的苦涩外表必然使得只有极少数人能认识和接受它；因此，它不可能成为政治改革的源泉。至于用虚构出来的各种新的办法去改变大多数人，无论是诗歌、政治思想，还是宗教，卢克莱修都是拒绝的，他拒绝一切遮蔽其最高目标的信仰，那种最高的目标就是引导那些有能力得到它的人得到最大可能的人的幸福。

近代哲学家的希望以及他们所给出的那些方案，已经在这个世界中导致了许多巨大的改变，在许多明显的方面我们也从中受益。我们的政治社会已经为所有的人提供了前所未有的平等自由、舒适和奢华。然而，人的行为的目的，真正的幸福却依旧难以捉摸。在谈及爱情的幻象时，卢克莱修写道：

　　从欢乐的喷泉中间涌出了一些苦涩的水滴，它带来苦恼，即使在花香鬓影中间。

同样，在近代世界以来的惊人成就中间，不满和忧虑也大量存在，甚至包括近代政治的最基本的目标——安全——我们也不能掌控。正如卢克莱修所论述的，科学的持续发展也同日益可怕的战争武器紧密联系在一起。结果，一个国家的防御依赖新的科技的发明，而这同样是不可预知的。因此，政治的安全同过去一样，依赖于运气（偶然）。为改善人的处境而去征服自然的整个计划，年复一年地进行，现在越来越受到自然的限制，以至于我们只想知道，资源是否要被耗尽，污染是否日益严重，人口是否日益膨胀，只想知道何时是尽头。最后，安全的基本目标的另外一个方面，国内政治的平静，也绝不是确然的。尽管我们拥有自由和财富，但不满还是四处泛滥，并让整个社会世风日下；犯罪率在攀升，社会秩序摇摇欲坠，整个社会面临陷入混乱的危险。

　　这些思考或许足以让我们认真、虚心地对待卢克莱修的见解，或许他关于人类幸福的分析是正确的。从卢克莱修的立场来看，近代政治哲学所欲实现的目标无疑只有次要的重要性；只有在我们忘记了我们的真实本性和处境以后，它才成为我们关注的中心。首要的是，近代政治哲学的各种希望，必然使得我们遗忘那种关系，即永恒性与认识我们自身的处境的关系。尽管近代的政治哲学家对于我们世界的终结（末日）保持沉默，对于我们世界的短暂保持沉默，但对它们的思考却始终存在于卢克莱修的心中。对于我们的福祉而言，最重要的东西是我们的灵魂的健康，否则，一切外在的东西都是玷污人的，都是没有价值的。要获得我们灵魂的健康，就需要我们认识到我们的自然限度，即认识到我们在自然中的位置，并坦然接受之。自然是永恒的，不仅对于我们，对于我们的整个世界而言，它都是无限在前，永远在后的。只有根据对于无限而永恒的自然的宇宙的知识，我们才能认识我们自己的本性，并真实地估价我们的生活，以及影响我们的一切事物的意义。只有对于那些能带着宁静的心灵去沉思自然，沉思他自身在宇宙中的位置的人，不受各种愚蠢的忧虑玷污的充分的满足才是可能的。

卢克莱修的教导不是为了政治行动而提出的某种方案，因此它会趋向于让我们感到某种不安。由于它试图向我们显示，个人如何获得他自己的幸福，并断言，个人只能获得他自己的幸福，因此，它似乎是自私的，对之加以认真对待，我们甚至会感到惭愧。不用说，这样一种感觉根本不足以用来评判一种根本的哲学抉择。此外，如果卢克莱修的认识在本质上是正确的，它会将关于政治的某种重要的东西教导给我们。通过分析获得不带任何错误信念和徒然希望的真正的人的幸福的复杂性和困难，卢克莱修使我们能够看清政治为人谋求所能达到的限度。这种洞察转而能帮助我们抛弃那些来自我们政治社会的不合理的企盼和要求。适度降低的欲求不仅有益于我们个人的幸福（满足），对于政治社会的福祉也是有益的。

Epicurean Political Philosophy: The De Rerum Natura of Lucretius, by James H. Nichols Jr., originally published by Cornell University Press.

Copyright © 1972, 1976 by Cornell University

This edition is a translation authorized by the original publisher, via Bardon-Chinese Creative Agency Limited.

北京市版权局著作权合同登记号：图字 01-2012-4318 号

图书在版编目（CIP）数据

伊壁鸠鲁主义的政治哲学：卢克莱修的《物性论》/（意）詹姆斯·尼古拉斯著；溥林译. -- 2 版. -- 北京：华夏出版社有限公司，2025. --（西方传统：经典与解释）. -- ISBN 978-7-5222-0812-1

Ⅰ. B502.31；B502.41

中国国家版本馆 CIP 数据核字第 2024F3W604 号

伊壁鸠鲁主义的政治哲学：卢克莱修的《物性论》

作　　者	［意］詹姆斯·尼古拉斯
译　　者	溥　林
责任编辑	郑芊蕙
责任印制	刘　洋
出版发行	华夏出版社有限公司
经　　销	新华书店
印　　装	三河市万龙印装有限公司
版　　次	2025 年 3 月北京第 2 版　2025 年 3 月北京第 1 次印刷
开　　本	880×1230　1/32
印　　张	6.375
字　　数	158 千字
定　　价	62.00 元

华夏出版社有限公司　地址：北京市东直门外香河园北里 4 号　邮编：100028
网址：www.hxph.com.cn　电话：(010)64663331(转)
若发现本版图书有印装质量问题，请与我社营销中心联系调换。

西方传统：经典与解释
Classici et Commentarii
HERMES
刘小枫◎主编

古今丛编

迷宫的线团　[英]弗朗西斯·培根 著
伊菲革涅亚　吴雅凌 编译
欧洲中世纪诗学选译　宋旭红 编译
克尔凯郭尔　[美]江思图 著
货币哲学　[德]西美尔 著
孟德斯鸠的自由主义哲学　[美]潘戈 著
莫尔及其乌托邦　[德]考茨基 著
试论古今革命　[法]夏多布里昂 著
但丁：皈依的诗学　[美]弗里切罗 著
在西方的目光下　[英]康拉德 著
大学与博雅教育　董成龙 编
探究哲学与信仰　[美]郝岚 著
民主的本性　[法]马南 著
梅尔维尔的政治哲学　李小均 编/译
席勒美学的哲学背景　[美]维塞尔 著
果戈里与鬼　[俄]梅列日科夫斯基 著
自传性反思　[美]沃格林 著
黑格尔与普世秩序　[美]希克斯 等著
新的方式与制度　[美]曼斯菲尔德 著
科耶夫的新拉丁帝国　[法]科耶夫 等著
《利维坦》附录　[英]霍布斯 著
或此或彼（上、下）　[丹麦]基尔克果 著
海德格尔式的现代神学　刘小枫 选编
双重束缚　[法]基拉尔 著
古今之争中的核心问题　[德]迈尔 著
论永恒的智慧　[德]苏索 著
宗教经验种种　[美]詹姆斯 著
尼采反卢梭　[美]凯斯·安塞尔-皮尔逊 著
舍勒思想评述　[美]弗林斯 著

诗与哲学之争　[美]罗森 著
神圣与世俗　[罗]伊利亚德 著
但丁的圣约书　[美]霍金斯 著

古典学丛编

伊壁鸠鲁主义的政治哲学
[意]詹姆斯·尼古拉斯 著
迷狂与真实之间　[英]哈利威尔 著
品达《皮托凯歌》通释　[英]伯顿 著
俄耳甫斯祷歌　吴雅凌 译注
荷马笔下的诸神与人类德行　[美]阿伦斯多夫 著
赫西俄德的宇宙　[美]珍妮·施特劳斯·克莱 著
论王政　[古罗马]金嘴狄翁 著
论希罗多德　[苏]卢里叶 著
探究希腊人的灵魂　[美]戴维斯 著
尤利安文选　马勇 编/译
论月面　[古罗马]普鲁塔克 著
雅典谐剧与逻各斯　[美]奥里根 著
菜园哲人伊壁鸠鲁　罗晓颖 选编
劳作与时日（笺注本）　[古希腊]赫西俄德 著
神谱（笺注本）　[古希腊]赫西俄德 著
赫西俄德：神话之艺　[法]居代·德拉孔波 编
希腊古风时期的真理大师　[法]德蒂安 著
古罗马的教育　[英]葛怀恩 著
古典学与现代性　刘小枫 编
表演文化与雅典民主政制
[英]戈尔德希尔、奥斯本 编
西方古典文献学发凡　刘小枫 编
古典语文学常谈　[德]克拉夫特 著
古希腊文学常谈　[英]多佛 等著
撒路斯特与政治史学　刘小枫 编
希罗多德的王霸之辨　吴小锋 编/译
第二代智术师　[英]安德森 著
英雄诗系笺释　[古希腊]荷马 著
统治的热望　[美]福特 著
论埃及神学与哲学　[古希腊]普鲁塔克 著
凯撒的剑与笔　李世祥 编/译

修昔底德笔下的人性　[美]欧文 著
修昔底德笔下的演说　[德]斯塔特 著
古希腊政治理论　[美]格雷纳 著
赫拉克勒斯之盾笺释　罗逍然 译笺
《埃涅阿斯纪》章义　王承教 选编
维吉尔的帝国　[美]阿德勒 著
塔西佗的政治史学　曾维术 编
幽暗的诱惑　[美]汉密尔顿 著

古希腊诗歌丛编
古希腊早期诉歌诗人　[英]鲍勒 著
诗歌与城邦　[美]费拉格、纳吉 主编
阿尔戈英雄纪（上、下）
[古希腊]阿波罗尼俄斯 著
俄耳甫斯教辑语　吴雅凌 编译

古希腊肃剧注疏
欧里庇得斯及其对雅典人的教诲
[美]格里高利 著
欧里庇得斯与智术师　[加]科纳彻 著
欧里庇得斯的现代性　[法]德·罗米伊 著
自由与僭越　罗峰 编译
希腊肃剧与政治哲学　[美]阿伦斯多夫 著

古希腊礼法研究
宙斯的正义　[英]劳埃德-琼斯 著
希腊人的正义观　[英]哈夫洛克 著

廊下派集
剑桥廊下派指南　[加]英伍德 编
廊下派的苏格拉底　程志敏 徐健 选编
廊下派的神和宇宙　[墨]里卡多·萨勒斯 编
廊下派的城邦观　[英]斯科菲尔德 著

希伯莱圣经历代注疏
希腊化世界中的犹太人　[英]威廉逊 著
第一亚当和第二亚当　[德]朋霍费尔 著

新约历代经解
属灵的寓意　[古罗马]俄里根 著

基督教与古典传统
保罗与马克安　[德]文森 著
加尔文与现代政治的基础　[美]汉考克 著
无执之道　[德]文森 著
恐惧与战栗　[丹麦]基尔克果 著
托尔斯泰与陀思妥耶夫斯基
[俄]梅列日科夫斯基 著
论宗教大法官的传说　[俄]罗赞诺夫 著
海德格尔与有限性思想（重订版）
刘小枫 选编
上帝国的信息　[德]拉加茨 著
基督教理论与现代　[德]特洛尔奇 著
亚历山大的克雷芒　[意]塞尔瓦托·利拉 著
中世纪的心灵之旅　[意]圣·波纳文图拉 著

德意志古典传统丛编
论德意志文学及其他　[德]弗里德里希二世 著
卢琴德　[德]弗里德里希·施勒格尔 著
黑格尔论自我意识　[美]皮平 著
克劳塞维茨论现代战争　[澳]休·史密斯 著
《浮士德》发微　谷裕 选编
尼伯龙人　[德]黑贝尔 著
论荷尔德林　[德]沃尔夫冈·宾德尔 著
彭忒西勒亚　[德]克莱斯特 著
穆佐书简　[奥]里尔克 著
纪念苏格拉底——哈曼文选　刘新利 选编
夜颂中的革命和宗教　[德]诺瓦利斯 著
大革命与诗化小说　[德]诺瓦利斯 著
黑格尔的观念论　[美]皮平 著
浪漫派风格——施勒格尔批评文集　[德]施勒格尔 著

巴洛克戏剧丛编
克里奥帕特拉　[德]罗恩施坦 著
君士坦丁大帝　[德]阿旺西尼 著
被弑的国王　[德]格吕菲乌斯 著

美国宪政与古典传统
美国1787年宪法讲疏　[美]阿纳斯塔普罗 著

启蒙研究丛编
动物哲学　[法]拉马克 著
赫尔德的社会政治思想　[加]巴纳德 著
论古今学问　[英]坦普尔 著
历史主义与民族精神　冯庆 编
浪漫的律令　[美]拜泽尔 著
现实与理性　[法]科维纲 著
论古人的智慧　[英]培根 著
托兰德与激进启蒙　刘小枫 编
图书馆里的古今之战　[英]斯威夫特 著

政治史学丛编
布克哈特书信选　[瑞士]雅各布·布克哈特 著
启蒙叙事　[英]欧布里恩 著
历史分期与主权　[美]凯瑟琳·戴维斯 著
驳马基雅维利　[普鲁士]弗里德里希二世 著
现代欧洲的基础　[英]赖希 著
克服历史主义　[德]特洛尔奇 等著
胡克与英国保守主义　姚啸宇 编
古希腊传记的嬗变　[意]莫米利亚诺 著
伊丽莎白时代的世界图景　[英]蒂利亚德 著
西方古代的天下观　刘小枫 编
从普遍历史到历史主义　刘小枫 编
自然科学史与玫瑰　[法]雷比瑟 著

地缘政治学丛编
地缘政治学的黄昏　[美]汉斯·魏格特 著
大地法的地理学　[英]斯蒂芬·莱格 编
地缘政治学的起源与拉采尔　[希腊]斯热托杨诺斯 著
施米特的国际政治思想　[英]欧迪瑟乌斯/佩蒂托 编
克劳塞维茨之谜　[英]赫伯格–罗特 著
太平洋地缘政治学　[德]卡尔·豪斯霍弗 著

荷马注疏集
不为人知的奥德修斯　[美]诺特维克 著
模仿荷马　[美]丹尼斯·麦克唐纳 著

阿里斯托芬集
《阿卡奈人》笺释　[古希腊]阿里斯托芬 著

色诺芬注疏集
居鲁士的教育　[古希腊]色诺芬 著
色诺芬的《会饮》　[古希腊]色诺芬 著

柏拉图注疏集
《苏格拉底的申辩》集注　程志敏 辑译
挑战戈尔戈　李致远 选编
论柏拉图《高尔吉亚》的统一性　[美]斯托弗 著
立法与德性——柏拉图《法义》发微　林志猛 编
柏拉图的灵魂学　[加]罗宾逊 著
柏拉图书简　彭磊 译注
克力同章句　程志敏 郑兴凤 撰
哲学的奥德赛——《王制》引论　[美]郝兰 著
爱欲与启蒙的迷醉　[美]贝尔格 著
为哲学的写作技艺一辩　[美]伯格 著
柏拉图式的迷宫——《斐多》义疏　[美]伯格 著
苏格拉底与希琵阿斯　王江涛 编译
理想国　[古希腊]柏拉图 著
谁来教育老师　刘小枫 编
立法者的神学　林志猛 编
柏拉图对话中的神　[法]薇依 著
厄庇诺米斯　[古希腊]柏拉图 著
智慧与幸福　程志敏 选编
论柏拉图对话　[德]施莱尔马赫 著
柏拉图《美诺》疏证　[美]克莱因 著
政治哲学的悖论　[美]郝岚 著
神话诗人柏拉图　张文涛 选编
阿尔喀比亚德　[古希腊]柏拉图 著
叙拉古的雅典异乡人　彭磊 选编
阿威罗伊论《王制》　[阿拉伯]阿威罗伊 著
《王制》要义　刘小枫 选编
柏拉图的《会饮》　[古希腊]柏拉图 等著
苏格拉底的申辩（修订版）　[古希腊]柏拉图 著
苏格拉底与政治共同体　[美]尼柯尔斯 著

政制与美德——柏拉图《法义》疏解　[美]潘戈 著
《法义》导读　[法]卡斯代尔·布舒奇 著
论真理的本质　[德]海德格尔 著
哲人的无知　[德]费勃 著
米诺斯　[古希腊]柏拉图 著
情敌　[古希腊]柏拉图 著

亚里士多德注疏集
亚里士多德论政体　崔嵬、程志敏 编
《诗术》译笺与通绎　陈明珠 撰
亚里士多德《政治学》中的教诲　[美]潘戈 著
品格的技艺　[美]加佛 著
亚里士多德哲学的基本概念　[德]海德格尔 著
《政治学》疏证　[意]托马斯·阿奎那 著
尼各马可伦理学义疏　[美]罗娜·伯格 著
哲学之诗　[美]戴维斯 著
对亚里士多德的现象学解释　[德]海德格尔 著
城邦与自然——亚里士多德与现代性　刘小枫 编
论诗术中篇义疏　[阿拉伯]阿威罗伊 著
哲学的政治　[美]戴维斯 著

普鲁塔克集
普鲁塔克的《对比列传》　[英]达夫 著
普鲁塔克的实践伦理学　[比利时]胡芙 著

阿尔法拉比集
政治制度与政治箴言　阿尔法拉比 著

马基雅维利集
解读马基雅维利　[美]麦考米克 著
君主及其战争技艺　娄林 选编

莎士比亚绎读
哲人与王者　[加]克雷格 著
莎士比亚的罗马　[美]坎托 著
莎士比亚的政治智慧　[美]伯恩斯 著
脱节的时代　[匈]阿格尼斯·赫勒 著
莎士比亚的历史剧　[英]蒂利亚德 著
莎士比亚戏剧与政治哲学　彭磊 选编

莎士比亚的政治盛典　[美]阿鲁里斯/苏利文 编
丹麦王子与马基雅维利　罗峰 选编

洛克集
洛克现代性政治学之根　[加]金·I.帕克 著
上帝、洛克与平等　[美]沃尔德伦 著

卢梭集
致博蒙书　[法]卢梭 著
政治制度论　[法]卢梭 著
哲学的自传　[美]戴维斯 著
文学与道德杂篇　[法]卢梭 著
设计论证　[美]吉尔丁 著
卢梭的自然状态　[美]普拉特纳 等著
卢梭的榜样人生　[美]凯利 著

莱辛注疏集
汉堡剧评　[德]莱辛 著
关于悲剧的通信　[德]莱辛 著
智者纳坦（研究版）　[德]莱辛 等著
启蒙运动的内在问题　[美]维塞尔 著
莱辛剧作七种　[德]莱辛 著
历史与启示——莱辛神学文选　[德]莱辛 著
论人类的教育　[德]莱辛 著

尼采注疏集
尼采引论　[德]施特格迈尔 著
尼采与基督教　刘小枫 编
尼采眼中的苏格拉底　[美]丹豪瑟 著
动物与超人之间的绳索　[德]A.彼珀 著

施特劳斯集
论法拉比与迈蒙尼德
苏格拉底与阿里斯托芬
论僭政（重订本）　[美]施特劳斯 [法]科耶夫 著
苏格拉底问题与现代性（第三版）
犹太哲人与启蒙（增订本）
霍布斯的宗教批判
斯宾诺莎的宗教批判

门德尔松与莱辛
哲学与律法——论迈蒙尼德及其先驱
迫害与写作艺术
柏拉图式政治哲学研究
论柏拉图的《会饮》
柏拉图《法义》的论辩与情节
什么是政治哲学
古典政治理性主义的重生（重订本）
回归古典政治哲学——施特劳斯通信集
　　＊＊＊
哲学、历史与僭政　[美]伯恩斯、弗罗斯特 编
追忆施特劳斯　张培均 编
施特劳斯学述　[德]考夫曼 著
论源初遗忘　[美]维克利 著
阅读施特劳斯　[美]斯密什 著
施特劳斯与流亡政治学　[美]谢帕德 著
驯服欲望　[法]科耶夫 等著

施特劳斯讲学录

维柯讲疏
苏格拉底与居鲁士
追求高贵的修辞术
　　——柏拉图《高尔吉亚》讲疏（1957）
斯宾诺莎的政治哲学

施米特集

施米特与国际战略　[德]埃里希·瓦德 著
宪法专政　[美]罗斯托 著
施米特对自由主义的批判　[美]约翰·麦考米克 著

伯纳德特集

古典诗学之路（第二版）　[美]伯格 编
弓与琴（第三版）　[美]伯纳德特 著
神圣的罪业　[美]伯纳德特 著

布鲁姆集

伊索克拉底的政治哲学
巨人与侏儒（1960-1990）

人应该如何生活——柏拉图《王制》释义
爱的设计——卢梭与浪漫派
爱的戏剧——莎士比亚与自然
爱的阶梯——柏拉图的《会饮》

沃格林集

自传体反思录

朗佩特集

哲学与哲学之诗
尼采与现时代
尼采的使命
哲学如何成为苏格拉底式的
施特劳斯的持久重要性

迈尔集

施米特的教训
何为尼采的扎拉图斯特拉
政治哲学与启示宗教的挑战
隐匿的对话
论哲学生活的幸福

大学素质教育读本

古典诗文绎读 西学卷·古代编（上、下）
古典诗文绎读 西学卷·现代编（上、下）